# 풍운아 채현국

기록 김주완

초판 1쇄 발행 2015년 1월 7일
초판 2쇄 발행 2015년 1월 28일
초판 3쇄 발행 2015년 10월 15일
초판 4쇄 발행 2017년 12월 7일
초판 5쇄 발행 2023년 2월 8일

지은이       김주완
펴낸이       구주모

편집책임     김주완
표지·편집    서정인
사진         김구연

펴낸곳       도서출판 피플파워
주소         (우)630-811 경상남도 창원시 마산회원구 삼호로38(양덕동)
전화         (055)250-0190
홈페이지     www.idomin.com
블로그       peoplesbooks.tistory.com
페이스북     www.facebook.com/pepobooks

ISBN        979-11-950969-9-2

이 도서의 국립중앙도서관 출판예정도서목록(CIP)은 서지정보유통지원시스템 홈페이지(http://seoji.nl.go.kr)와
국가자료공동목록시스템(http://www.nl.go.kr/kolisnet)에서 이용하실 수 있습니다. (CIP제어번호 : CIP2014037953)

풍운아 채현국

차례

머리말 6

## 1부 아버지 채기엽과 탄광사업 합류

## 2부 사업 성공과 정리, 친구들이 남았다

## 3부 비틀거리며 왔지만 그래도 수지맞은 삶

채현국蔡鉉國, 1935~ 양산 효암학원 이사장. 약 10여 년 전 이 분
에 대한 말을 얼핏 들은 적이 있었다. '양산에 가면 지금의
경남대학교가 박종규(전 박정희 대통령 경호실장) 씨 소유로
넘어가기 전 이 대학을 운영했던 노인이 있다'는 이야기였다.
근·현대 지역사*에 관심이 많은 필자에게 지인이 준 중요한
정보였으나 차일피일 미루다 그만 잊어버렸다.

그런데 2014년 초 이 분의 인터뷰가 〈한겨레〉에 실렸다. 인
터뷰의 울림은 컸다. 7만여 명이 페이스북과 트위터로 공유
하며 그의 어록을 인용했다.

"노인들이 저 모양이란 걸 잘 봐두어라. 모든 건 이기면 썩
는다. 아비들도 처음부터 썩진 않았지. 노인 세대를 절대 봐
주지 마라."
"예외는 없다. 돈이나 권력은 마술 같아서, 아무리 작은 거라
도 자기가 휘두르기 시작하면 썩는다."
"재산은 세상 것이다. 이 세상 것을 내가 잠시 맡아서 잘한

것뿐이다. 그럼 세상에 나눠야 해. 그건 자식한테 물려줄 게
아니다.”
“세상에 정답이란 건 없다. 한 가지 문제에는 무수한 ‘해답’
이 있을 뿐, 평생 그 해답을 찾기도 힘든데, 나만 옳고 나머
지는 다 틀린 ‘정답’이라니….”
이와 같은 그의 수많은 어록은 지금도 인터넷을 검색하면
수없이 회자되고 있는 중이다.

지역신문 기자로서 부끄러웠다. 내가 사는 이곳 경남 양산
에 계시는 어른이 내 게으름 탓에 서울 매체를 통해 먼저 알
려진 것이다.

그로 인한 부채의식 때문일까. 채현국이란 인물과 그의 삶
을 더 탐구해보고 싶었다. 한 때 24개 기업을 경영하며 개인
소득세 납부액이 전국에서 열 손가락 안에 들 정도로 거부
巨富였으나, 지금은 특별한 소득도 없는 신용불량자. 그 많던
재산은 다 어떻게 했을까? 재벌급 부자로 살다 어느 순간 무
일푼에 신용불량자로 산다는 게 과연 가능할까. 나라면 과
연 그렇게 살 수 있을까.

그래도 중학교와 고등학교를 가진 학교법인 이사장이니 재산가 아니냐고 묻는 사람도 있겠다. 그러나 학교법인은 말 그대로 법인일 뿐 개인 재산이 아니다. 사고 팔 수도 없게 되어 있다. 거기 이사장이라고 해서 월급을 받는 것도 아니다. 학교 회계에서 이사장이 돈을 한 푼이라도 가져가면 횡령이 된다.

물론 부인이 국립대학 교수 출신으로 정년퇴임했으니 부인의 연금이라든지 기본 수입은 있을 것이다. 그래서 사는 것 자체는 그리 곤궁하지 않을 수도 있다. 다만 예전처럼 어려움에 처한 친구들에게 집을 한 채씩 사준다든지, 민주화운동 진영에 거액의 후원을 해준다든지 그런 선심은 쓸 수 없을 터. 서울에 오래된 주택이 있지만, 그는 양산 개운중학교 뒤편 햇볕도 들지 않는 작은 골방에서 침대도 없이 생활하고 있다. 그 사람이 한 때 우리나라에서 세금 납부액이 10위권 안에 드는 거부였다니 믿을 수가 없었다. 지역신문 기자의 의무감으로 그의 삶을 기록해두고 싶었다.

내가 재직하고 있는 경남도민일보의 비상근 감사로 계시는 환경운동가 이인식 선생을 통해 채현국 이사장과 연락이 닿았다. 2014년 8월 28일 그를 경남도민일보로 초청해 '쓴 맛

이 사는 맛, 그게 함께 사는 길이다'라는 주제로 강연을 들었다. 이어 9월 4일 양산으로 그를 찾아갔다.

이 책은 모두 4차례에 걸쳐 인터뷰한 내용을 묶은 것이다. 인터뷰마다 짧게는 2시간, 길게는 6~7시간씩 이어졌다.

오척단구 거한, 당대의 기인, 인사동 낭인들의 활빈당주, 가두의 철학자, 발은 시려도 가슴은 뜨거웠던 맨발의 철학도, 해직기자들에게 집을 한 채씩 사준 파격의 인간, 민주화운동의 든든한 후원자, 이 시대의 어른….
그를 수식하는 단어는 많다. 내가 보기에 그는 거부에서 신용불량자에 이르기까지 거침없는 인생을 살아온 시대의 풍운아風雲兒였다. 그만큼 그의 삶은 바람과 구름을 몰고 다녔고, 지금도 그가 우리 사회에 던져준 울림은 계속되고 있다.

채현국 이사장은 인터뷰 조건으로 '절대 훌륭한 어른이나 근사한 사람으로 그리지 말 것'을 내걸었다. 그래서 들은 이야기 그대로, 조사한 내용 그대로, 사람들이 그를 언급한 그대로 풀었다.

김주완

1부
아버지 채기엽과 탄광사업 합류

## 기록에 나타난 채현국과 아버지의 모습

 그를 만나기에 앞서 찾아본 채현국에 대한 기록은 이랬다.

"서울대 문리대 철학과의 50년대 중반 학번으로 채현국이 있었다. 그는 머리를 삭발하고 신발 속에 양말을 신지 않은 맨발로 학교에 나타나기도 하는데 학과를 초월해서 친구들을 사귀었다. 임재경·이계익·황명걸·김윤수를 비롯해 수많은 친구들을 그러모았다. (…) 그는 유난히 친구들을 좋아했는데 처음 만나 인사를 나누게 되는 친구에게는 "인류의 고민을 함께 나눕시다" 하며 악수를 하였다. 이 맨발의 철학도가 발은 시려워도 가슴은 뜨거웠다."
(구중서·문학평론가)

"철학과 출신인 채현국 형은 '가두의 철학자'라고 내가 별명으로 부르는데 당대의 기인이라 할 것이다. 옷도 막 입고 말도 막 하고 술도 막 마시고…. 집안에 돈이 있어서 그렇지, 없었으면 천상병千祥炳 시인과 비슷해졌을 것이다."
(남재희·언론인)

"가정 연료의 주종이 연탄이었던 60년대에 채기엽-채현국 부자의 탄광은 개인 소득세 납부액이 전국에서 열 손가락에 들 정도로 커졌다. 그는 맘에 맞는 친구들에게 밥과 술을 사주며 헤어질 때 차비를 쥐어주는 데 그치지 않고 셋방살이를 하는 친구들에게는 조그마한 집을 한 채씩 사주는 파격의 인간이다."
(임재경·언론인)


"그 당시 우리처럼 어려운 사람들을 도와주거나 비호해주는 박윤배朴潤培라는 분이 있었어요. 강원도에 있는 '흥국탄광'의 현장 책임자였지. 이 광산은 내가 많은 신세를 진 채현국蔡鉉國이라는 분의 부친이 운영하던 광산이야. 서울대 철학과 출신인 채현국은, 그 당시 표면에는 일절 나서지 않으면서 군사정권의 지명수배를 받거나 도망다니는 사람들을 그 탄광에 받아서 그들에게 호신처를 제공하고, 또 음으로 양으로 반독재의 노선을 추구하는 지식인들과 학생들 그리고 문인들을 경제적으로 도와준 훌륭한 분이오."
(리영희·전 언론인)

"채현국은 대학생 적에 넝마 같은 검정 교복에 까까중머리를 하고 한겨울에도 양말을 신지 않고 다녔지만, 친구들 점심은 도맡아 챙겨주었던, 당시 제2의 민영 탄광주의 외아들로서, 부친의 사업을 이어받고는 가까운 친구들에게 집을 채로 사준 오척단구 거한이었으며, 예대해야 할 〈농무〉의 시인 신경림과 리얼리즘 문학평론가 구중서에게는 현찰로 주기 계면쩍어 그들이 다니는 술집에 술값 상당액을 미리 적립해 두었고, 나중에 사돈이 된 임재경에게는 그가 워낙 현찰을 밝히므로 꼭 돈을 안겨주었으며, 후배인 구중관이나 방영웅에게는 수시로 용돈을 건네주었으니, 보기 드문 인정의 사나이였다."
(황명걸·시인)


"한 때 인사동 낭인들의 활빈당주였던 철학자."
(조문호·사진작가)


그러면 채현국 이사장의 아버지는 어떤 분이었을까? 역시 기록을 찾아봤다.


"효암晩嚴 채기엽蔡基葉. 1907년 융희 정미년 8월20일 경상북

채현국 이사장의
아버지 채기엽 선생.

도 달성군 공산면 연경리에서 부父 병원炳元, 모母 영천 이씨
의 독자로 출생 1988년 8월 18일 나성(로스엔절리스)에서
졸하셨다. (…) 12세에 여산 송씨와 혼인한 공은 3·1운동
이듬해인 1920년 대구 교남학당 제1기로 입학 신시대를 호
흡하였으나 이때 이루어진 교주校主 이장우李長雨, 이상정李相
定과의 친교는 공의 생애에 큰 영향을 미치었다. (…) 때마
침 불어 닥친 물산장려운동에 호응하여 정미소를 세워 향
리에 파고든 일본인 정미업자를 몰아내는 수완을 발휘하였
다. 시국은 날로 암담해지고 뜻있는 인사들이 속속 해외로
망명함에 공도 드디어 1938년 상하이로 건너갔다. 존경하

는 선배 이상정을 만나 독립운동에 헌신하려는 뜻이었으나 무명 청년이 이상정李相定을 만나기는 좀처럼 쉬운 일이 아니었으므로 한동안 상하이 거리를 방황했으며, 한편 소위 독립지사라는 사람들의 일부 태만한 실태를 목격하고는 잠시 방향을 바꾸기로 하였다. 우선 북경에 가서 트럭을 한 대 마련, 그때 한창 치열하던 북지전쟁을 뚫고 다니는 생필품 상인이 되었다. 생명을 건 모험이었으나 담배 한 트럭을 싣고 나올 정도로 이익이 있었다. 이렇게 번 돈을 상하이에 가서 방직공장을 운영하면서 은밀히 독립투사들과 손을 잡아 원조를 하였다.

태평양전쟁이 끝나자 학병으로 대륙에 왔던 청년들이 상하이에 몰려들었으나 귀국 선편이 없어 유리걸식함을 본 공은 그들을 데려다가 숙식 제공하니 1946년 귀국할 무렵에는 그 수가 수백 명에 달하였다.

귀국 후에는 잠시 무역에 종사하다가 6·25동란의 소용돌이 속에서 대구와 부산을 전전하였고, 1952년 서울 수복 후 경운동에 연탄공장을 차린 것을 바탕으로 1956년 흥국탄광회사를 건립, 강원도 삼척군 도계 정선군 사북 일대의 탄맥을 개발하여 일약 굴지의 대광업가가 되었다. 한미한 산촌이던 사북이 오늘날 읍으로 성장하는데 공이 도로를

닦고 교량을 건설한 덕택임을 사북역 광장에 서 있는 '채
기엽 선생 공덕비'가 증언하고 있다. 공의 사업은 그로부터
무역, 목축, 임산, 조선, 해운 등 다방면으로 발전하였으며,
한편 존재도 희미하던 해인대학海印大學이 경남대학교로 크게
자라는 기틀을 마련해 주었고, 또 양산군 웅상면에 있는 6
학급 중학교를 인수하여 오늘날 2000명에 이르는 영재들
을 품에 안은 개운중학 및 효암고등학교로 만들어 놓았다.
그러나 공이 가장 애정을 가지고 관여한 분야는 조국의 통
일을 앞당기기 위한 사업이었다. 일찍이 독립운동에 헌신하
려던 꿈을 이루지 못한 공은 일생을 두고 못내 아쉬워하였
으니 사업이 한창 번창하던 시기에도 정재계 인물들과 어
울리기보다는 불우한 처지에 있는 학자, 사상가, 애국지사
들과 함께하기를 기뻐하였다. 이동환, 정석해, 이종률, 유석
현 같은 분들에게 공의 사무실은 항상 열려 있었다.
유석현, 김재호, 장건상, 이인, 여운홍 제씨의 발기로 '민족
정기회'가 조직됨에 공은 그 이사장을 맡았고, 이 모임이 후
일에 다시 '민족통일추진회'로 재편될 때는 그 최고위원 고
문으로 추대되어 노년의 여력을 바치었다. 공은 또 아들 현
국의 학우들을 비롯 후진들을 늘 가까이 하여 '담膽을 크
게 가져라, 간肝은 작아야 한다'고 가르쳤으니, 하여야 하는

일에는 과감해야 하고, 하고 싶은 일에는 소심해야 한다는
뜻이었다.

1989년 4월 3일

아들 현국의 죽마지우

박이엽 지어 민병산 쓰다."

(채기엽 선생 비문, 블로그 먼산 http://blog.naver.com/
songpoet)


"채기엽 씨, 상해 당시엔 채종기 씨라는 분이다. 이 분은 현
재 서울에 건재하시며 탄광업, 조선업 등을 경영하고 계신
다. 상해에서 이 분에게 신세를 진 한국인은 아마 백 수십
인이 넘지 않을까 한다. 그러나 아직 그들이 당시의 은혜
를 갚는 것 같지 않다. 뿐만 아니라 계속 누를 끼치고 있기
까지 하다. "은혜가 다 뭐냐. 다들 건강하게 일 잘하고 있으
면 그로써 만족하다."고 말씀하시지만 부끄럽기 한이 없다.
희귀한 인물임을 특기해두고 싶다."

(이병주·소설가)


그 외 각종 기록과 자료를 바탕으로 채현국 이사장에 대한
연표를 대략 이렇게 정리해 보았다.

-1935년생(호적엔 1937년생)

-1945년 해방

-1946년 아버지 귀국

-1950년대 초 대구 피난 연합중학교

-1950년대 중반 서울사대부고 졸업

-1953년 7월 27일 형 채현익蔡鉉益 자살

-1953년 아버지 채기엽 홍국탄광 설립

-1953년 개운중학교 개교, 초대 교장 임상수

-1961년 쿠데타 후 대학정비령

-1966년 창작과 비평 창간

-1968년 개운중학교 인수(채기엽)

-1968년 이종률 교장 취임

-1973년 홍국탄광 정리

-1974년 이종률 교장 뇌졸중으로 쓰러짐(1989년 사망)

-1974년 효암고등학교 개교

-1980년 임재경 실업과 구속

-1988년 아버지 채기엽 작고

-1988년 친구 박윤배 작고

-1988년 3월 효암학원 채현국 이사장 취임

-1989년 전교조 창립

효암고 안에 있는 채현국 이사장의 방.

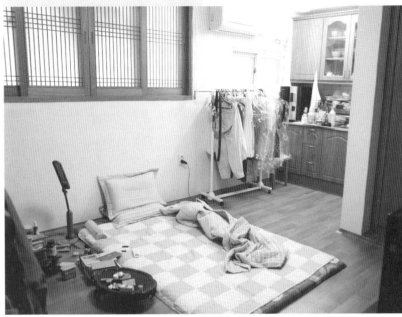

-2008년 효암고 류경렬 교감 영입

-2009년 2월 효암고 류경렬 교장 취임

여기까지 사전 정보를 익힌 후 그가 기거하는 양산 효암고
등학교로 향했다. 효암고는 같은 효암학원 재단 소속인 개
운중학교와 붙어 있었다.

효암고 안에는 그가 사무실로 쓰는 교실 반 칸과 숙소로
쓰는 서너 평짜리 방이 있었다. 야간 당직실과 나눠 쓰는

방은 그야말로 침대도 없는 골방이었다. 채현국 이사장은
개운중학교와 효암고 교실, 목공실, 도서관, 강당, 화단 등
학교 곳곳을 보여주었다. 오후 2시에 만나 시작한 이야기
는 오후 7시 30분을 넘어 저녁 술자리까지 이어졌다.

채현국 이사장은 소주에 들
어있는 약간의 단맛도 싫다
며 커피가루를 타마셨다.

## 아버지 채기엽, 상해에서 큰 돈을 벌었으나

대학 시절 연극반을 만들어 탤런트 이순재[1935~] 씨와 함께 활동하셨다던데 지금도 서로 연락하나요?

"안 합니다. 한 번 전화를 했는데, '이름 들어봐야 잘 모를 끼다. 나 채현국이다.' 했더니 '왜 몰라?' 하데. 그래서 '이 자식, 알면서 전화도 한 번 안 했냐'고 하니 '지금도 욕하는데. 뭐 욕 먹으려고 전화하냐?' 하더군. 2년 선배예요.(웃음)"

사모님은 서울 계시죠? 어떤 분이신가요?

"윤병희 경상대 심리학과 교수. 퇴직했지만 지금도 명예교수로 있습니다."

서울 집은 아파트입니까? 주택입니까?

"주택인데, 오래 됐습니다. 정릉에 있습니다."

서울엔 얼마나 자주 가십니까?

"전에는 주로 서울에 있었고 여긴 어쩌다 왔는데, 지금은 이제 늙어서 서울에선 별로 할 일이 없고…. 군사독재도 끝나 역적질 할 일 없으니 서울 있을 일 없지. 여기 와 있으면 아이들 보고, 여긴 뭐 정말 노는 거죠 뭐. 하는 일은 없습니다. 사실 일이 있으면 안 됩니다."

그래도 서울에 지인들이 많으니까.

"그러니까 순전히 술 먹으러 가는 거죠."

그래도 한 달에 몇 번이나 가시겠네요.

"그렇게 됩디다. 거기 가도 오래 안 있고, 거기서도 또 시골에 돌아다니고."

선친이 효암 채기엽 선생이죠. 1988년에 돌아가셨더군요. 그런데 무슨 연유로 로스엔젤레스에서 돌아가셨나요?

"아, 제 서庶동생들이 있어요. 이들이 거기로 시집가서 살고 있어요. 게다가 아버지 병환이 사막지대에 사는 게 좋다는 말도 있어서 아예 서동생들 유학도 시킬 겸 거기로 갔죠. 중풍에다 당뇨, 그리고 관절염이 심했는데, 관절염은 사막지대에 사는 게 좋거든요. LA 전체가 사막지대니까."

그러면 이사장님의 어머니는?

"아버지가 1988년에 돌아가시고, 어머니는 한 해 전 1987년
에 돌아가셨거든. 어머니는 서울에 계셨고."

기록에 보니까 아버지가 일제 때인 1938년에 상하이로 가셨다던
데, 그 때도 단신으로 가신 건가요?
"혼자 가셨죠. 사실은 도망 간 겁니다. 1938년에 대구경찰
서 폭파 미수사건, 이런 게 어디 연표에 나올 겁니다. 거기
연루되어서 도망 간 겁니다. 큰 주역은 아니어도 있어봤자
붙들려가서 추달 받을 게 뻔하고…. 어머니는 그 때 이미
아버지 사업이 망해서 삯바느질로 먹고 살 때인데, 그러니
까 가벼웠지 뭐. 식구들 먹여 살리지도 못하고 있는 판에
어머니 삯바느질한 그 돈 가지고 그냥 도망간 겁니다. 그
때 상하이로 간 게 이상정 장군을 만나거니 하고 간 겁니
다."

이상정李相定, 1897~1947 장군은 대구 출신 독립운동가이다. 〈빼앗
긴 들에도 봄은 오는가〉로 유명한 시인 이상화李相和, 1901~1943
의 형이기도 하다.
〈브리태니커〉에 따르면 큰아버지인 일우一雨가 경영하던 강
의원講義院에서 신학문을 공부한 뒤 1912년 일본으로 건너

가 세이조 중학교<sup>成城中學校</sup>를 졸업하고 미술학교·상업학교
를 거쳐 고쿠가쿠인대학<sup>國學院大學</sup>에서 역사학을 공부했다.
1919년 귀국하여 오산·경신·계성·신명 학교의 교사를 지
냈다. 1923년 만주로 망명하여 교포 자제들의 교육에 힘썼
다. 1926년부터 동만주에 있는 중국 펑위샹<sup>馮玉祥</sup>의 서북국
민부대에서 참모로 활동했으며, 이 부대가 장제스<sup>蔣介石</sup>의 부
대로 통합되자 국민정규군 소장이 되었다. 중국군으로 근

무하면서도 김구金九·김규식金奎植 등과 연계를 갖고 임시정부를 도왔다. 1932년 홍사단興士團에 가입했으며, 1937년 중일전쟁이 일어나자 충칭重慶 육군참모학교 교관이 되었다. 1938년 대한민국임시정부 외교위원으로 있으면서 유동열柳東說 등과 신한민주혁명당을 조직하여 중앙위원 겸 군사부장을 지냈고, 1939년 청년호성사靑年呼聲社를 조직한 후 이건우李健宇·김인金仁과 함께 〈청년호성〉을 발간, 독립사상을 고취했다. 1941년 중국 육군유격대훈련학교의 교수를 거쳐 이듬해 화중군사령부華中軍司令部의 고급막료로 난징南京·한커우漢口 전투에 직접 참가했다. 1942년 임시의정원 회의에서 임시정부 승인에 관한 안을 제안했으며, 임시정부 외무부 내에 외교연구위원회를 설치하고 연구위원이 되었다. 1945년 2월 홍진洪震·유동열 등과 함께 신한민주당을 조직하고, 중앙집행위원이 되었다. 태평양전쟁이 끝나자 중국군 중장으로 화북지방 일본군의 무장해제를 담당하다가 사퇴하고, 상하이上海로 가서 교포들의 보호에 힘썼으나 1947년 귀국한 후 뇌일혈로 죽었다.

그러면 이사장님이 35년생이니까 세 살 때 아버지가 떠나신 거네요.

"그런 셈이지."

그러면 그 때부터 홀어머니 밑에서 어렵게 자라신 거네요.

"어려운 것도 모르고 살았지. 형님도 있었고, 남들도 다 가
난한 시절이니까. 물론 어렵긴 했지. 그 때 당시에 삯바느
질로 산다는 게, 지금도 바느질만 해가지고 먹고 살기 어
려운데…. 그런데 다행히 우리 어머니가 워낙 옷을 잘 지어
요. 요즘으로 치면 양장점에 옷 잘 짓는 사람처럼 한복을
워낙 잘 지어요. 그래서 (어머니가 만든 옷은) 남보다 좀
비싸요. 일거리도 많았어요. 빠르기도 한데 고급스럽게 잘
지으니까. 그 덕분에 형님이 중학교도 다닐 만큼 형편이 괜
찮았어요. 그렇게 어떻게 버텼어요."

아버지가 시인 이상화의 형 이상정 선생을 만나기 위해 상하이로
가셨다는 거죠?

"(아버지가) 그 집 제자거든. 그 집에서 운영한 교남학원 1
회 졸업생이라. 그래서 이래저래 독립운동 하는 걸 알고는
거기 찾아가면 된다 하고 갔는데 못 만난 거라. 이미 중경
으로 도망가고…. 1938년 이렇게 되면 이미 분위기가 무서
워서 못 견딜 때라. 그런 상황에서 이상정을 찾으러 다녔으

니 밀정으로 오해받을 수도 있었지. '저 눈치 없는 게 어디에 대고 찾으러 다녀!' 하는 말을 나중에 들었답니다. 아버지야 조심스럽게 물어봤겠지만, 상하이에 일본 밀정이 널려 있는 판인데….”

그래가지고 만나지는 못하고.

“엉뚱한 사람을 만나서 북경으로 올라가요. 그게 말하기 뭐한데, 할아버지를 사기 쳐 먹은 인간을 만난 거예요. 우리 집에도 오고하던 곧잘 알던 인간인데, 할아버지를 완전히 사기 쳐서 거지를 만든 통에 우리가 대구 시내로 들어왔거든요. 그 사람을 상하이에서 만난 거예요. 그 사람이 상하이판에서 성공하여 날리고 있었던가 봐요. 아버지 입장에선 그 사람이 당신 아버지 친구인지 원수인지도 잘 몰랐는데 그 사람에게 들었대요. 듣고 보니 할아버지 재산을 다 날려먹은 그 사람이라. 그런데 그 사람이 누구를 소개해줘 가지고 다시 북경으로 올라가요. 그래서 북경에서 사업을 시작하게 된 거지.”

그래서 북경에서 돈을 좀 벌었나요?

“돈을 좀 번 정도가 아니라, 전쟁판이니까 교통 두절되기

예사고, 팔로군에 의해 죽는 것도 예사인 곳에서 트럭을 사가지고 뚫고 들어가기만 하면 열 배도 받고 스무 배도 받았으니까. 보급이 안 되니까. 장사라는 게 목숨 건 판이니까 절로 돈은 벌게 돼 있는 거라. 정세를 잘 보고 뚫고 들어가고 잘 나오기만 하면. 그렇게 해가지고 공장을…. 북쪽은 전쟁하는 분위기라 안 되고 공장을 하려면 상해 근처에 와야 하는 거라. 죽을 고비도 여러 번 넘기고, 마적이나 마찬가집니다. 뚫고 다닌다 뿐이지. 그런데 이런 얘기는 상당부분 이병주(소설가)에게 들은 겁니다. 아버지에게 들은 얘기는 아닙니다."


## 중국군에게 재산 빼앗기고 집도 선배 부인에게

그렇게 번 돈으로 상해로 다시 돌아와 방직공장을 했다는 거죠?

"견직공장에다 견사공장에다 비료공장에다 회사를 여러 개 했다는데, 이병주는 잘 알지 난 잘 몰라요. 이병주가 쓴 관부연락선에 보면 돈 많이 번 이야기가 나올 겁니다. 나에게만 이야기한 건지, 거기 써놨는지는 모르겠지만, 큰 창고 안에 또 큰 창고가 들어있는데 그걸 두들겨 부수니까 환해

지더라네. 금괴가 쏟아져 나온 거라. 그렇게 많은 금괴는 영화에서도 못 봤다고.(웃음)"

소설가 이병주가 그렇게 썼다고요?
"썼는지는 모르겠지만 나에게 그렇게 이야기합디다. 너거 아부지 진짜 부자였다면서…."

그 돈을 다 어떻게 했습니까. 해방될 때.
"빼앗겼지 뭐. 중국군에게 빼앗기는 장면을 이병주가 우연히 본 거야. 압수당하는 꼴을…. 조선은행 발행고만큼 많이 벌었다고 하던데…."

1946년에 귀국하셨다던데.
"바로 못 왔죠. 그런데 그게 어디 연표에 나옵디까?"

아, 제가 여기 저기 찾아본 자료에 나오더군요.
"바로 못 나온 게 왜냐하면 내 동생들이 상해에 남아 있었거든."

그 동생들이 LA로 간 서동생들인가요?

"아니, 중국에서 만난 여자가 낳은…. 그들도 이제 칠십 넘었을 텐데."

그러면 중국에서 낳은 자식 때문에 바로 귀국하지 못했다는 말인가요?

"빼앗겼지만 그래도 건질 수 있는 재산도 좀 있고, 거기서 낳은 자식도 있고, 그래서 이걸 어떻게 하나, 데리고 가봤자 고생할 텐데, 아마 그래서 귀국 결심을 못하고 있었던 게지. 그런데 우린 돌아가신 줄 알았어요. 금방 안 오시니까. 그런데 본인은 배를 사서 모든 걸 조선으로 옮겨 오려고 했는데 배를 못 사니까 그랬던 것 같아요. 전쟁 끝난 뒤 배를 구하는 게 쉬울 리가 있습니까?"

해방 후 1946년 귀국할 때까지 상해로 몰려든 학병들과 동포들에게 숙식을 제공했다던데.

"상해임정요인들은 비행기로 갔지만, 그래도 또 못간 독립운동가들이 있었을 것 아닙니까? 임정요인이나 한독당 아닌 덜 유명한 사람들, 학병들 그런 사람들에게 그랬다더군요. 재산을 빼앗기긴 했지만 그래도 안 빼앗긴 게 좀 있었던가 봐요."

그럼 귀국을 하실 땐 돈을 좀 갖고 오셨습니까?

"어휴, 거진 뭐 하잘 것 없는 돈밖에…. 큰돈은 다 빼앗겼고, 남은 돈은 다 써버렸고…. 상해에서 살던 큰 집도 권기옥 선생한테 줘버리고 왔다는데 뭐."

권기옥 선생이 누굽니까?

"독립운동가이자 한국 최초의 전투기 조종사. 중화민국군 중좌, 중령을 지낸 분인데, 이상정 선생의 부인입니다. 이미 장가를 들어놓고 총각이라고, 마누라 없다고 하여 다시 결혼했죠. 그래서 나중에 신익희 선생이 권기옥 선생한테 '거, 남자들이 치사하게 어린 처녀 속여먹으려고 본처가 없다고 거짓말 하느냐'고 했다는 뒷얘기가 있죠.(웃음)"

〈위키백과〉에 따르면 권기옥權基玉, 1901~1988은 대한민국의 독립운동가이며, 한국 최초의 여자 비행사이며, 대한민국 최초의 여성 출판인이기도 하다. 대한독립군 대령으로 전역하였고 대한애국부인회 사교부장을 역임하였다. 해방 후 한참이 지나 1949년에 귀국한 것으로 기록되어 있다.

그러면 권기옥 선생이 이상정 선생의 둘째부인인가요? 중국에서 결혼한?

"그렇죠. 정식으로 결혼한 둘째부인입니다.(웃음) 그런데 이 상정 선생이 해방 후 얼마 안 가 죽어요. 그래서 권기옥 선생이 돌아올 수도 없고, 중국 쪽에서 늘 활동한 사람이고 하니까 그 분에게 집을 준 거죠."

귀국해서는 아버지가 바로 대구로 왔나요?

"우리가 대구에 있으니 대구로 왔죠. 그런데 또 우리 형님이 문제가 되니까…."

그 때 이사장님은?

"2년 늦게 학교에 들어갔지만 2학년 말인가 3학년인가 그랬지. 아, 3학년이 되었어요. 여름인가 그랬어요."

오셔서는 아버지가 뭘 하셨나요? 또 사업을 했나요?

"또 무역하고, 카펫 짜는 것도 하시고…. 아무 기술도 없는데, 기술자가 돌아온 사람이 있는 걸 알고…. 그런 사람들을 모아서 했는데, 그러다가 우리를 놔두고 금방 서울로 갔습니다. 카펫 공장 시작해놓고 서울로 가서 무역회사를 시작하는데, 우리 아버지 같은 사람은 자기 돈이 꼭 있어야 사업하는 사람이 아니라 계기가 있으면 돈은 꾸면 되니까."

## 형님의 죽음, 부모님의 충격

그렇게 빨리 서울로 가신 까닭은?

"그런 우리 형님이 좌익에 끼여 가지고 죽게 생겼거든. 뭘 우물우물하는 사람이 아닙니다. 한두 달 사이에 형님 데리고 서울로 가버린 겁니다."

형님이 대구에서 좌익에 연루가 되신 건가요?

"당연히 좌익에 연루되죠. 45년에 이미 공군 입대영장을 쥐고 있었거든요. 가미가제 그걸로 가는···. 그런 상황에서 해방이 되니 얼마나 좋습니까? 죽기로 되어 있는데 해방되었으니까. 그런데 아버지가 귀국해서 보니 형님이 그 쪽 친구들과 몰려다니고, 그동안 아버지가 없으니 우리 집이 총 본부가 되어 있었지."

형님이 이사장님과는 열 살 차입니까, 여덟 살 차이입니까?

"열 살 차이로 알고 있었는데, 알고 보니 여덟 살 차이더군요. 아버지 없는 동안에도 외롭지 않았어요. 나이 드신 형님이 늘 있으니까."

형님이 다닌 고등학교가 어딘가요?
"계성학교죠. 그 당시에는 중고등학교 통합 중학교였으니까. 해방 직후 대구 청년문제 일어난 것은 대구 계성학교 나온 사람들이었지."

그러면 서울 가서 형님은 어느 학교로?
"해방 후에 아직 대학 문이 안 열렸으니 잠깐 배재중학교에서 럭비 선수, 축구 선수 하다가 곧바로 서울대 상과대학에 우 밀려들어가요. 그런데 서울상대가 고려대학을 이깁니다. 47년인가에. 그 때문에 서울대가 다 부서집니다. 이철승 이 노무새끼가 고대 학생이었는데, 서울상대한테 졌다고 다 때려 부수고 다 두들겨 패고…."

이철승<sup>李哲承, 1922~</sup>은 전북 전주 출신으로 7선 국회의원을 지낸 야당 정치인이다.

때려 부수다니 그게 무슨 말입니까?

"학교를 다 때려 부숴요. 몽둥이 가져가서 럭비에서 졌다고…. 고려대학이 서울대학에 진 게 말이 안 되거든.(웃음) 책상, 의자 다 부수고 창문 다 깨버리고. 고대와 서울상대가 가까이 있습니다. 럭비 진 그날 바로."

그러면 형님이 대학 다닐 때도 계속 럭비 선수를 했네요?

"예. 럭비 선숩니다."

대학 가서는 학생운동은 안 했고요?

"안 했을 리가 있습니까? 대구와는 연이 끊어졌지만, 47년이면 완전히 좌익은 불법이었고. 대구 있을 때는 불법 합법 이런 말이 없었으니까. 학생운동을 심하게는 못했겠지만 했겠죠."

형님이 1927년생이죠? 대학을 졸업한 뒤에 자살하신 겁니까?

"아니죠. 상대 4학년 때 전쟁이 났으니 졸업이고 나발이고 대구로 피난 갔으니 졸업장은 못 받았죠."

1953년 휴전협정일 바로 그날 돌아가신 겁니까?

"그렇죠. 7월 27일 바로 그날. 그런데 이런 부분이 사실은 보안법이라는 게 시한이 없는 거니까 뭔지 몰라요. 그런데 내가 볼 때 활발한 좌익학생운동에 끼지는 않았어요. 우익 단체에도 안 끼였지만, 보도연맹에도 우리 형님은 가입 안 했어요. 그런데 우리 집에 있는 대구에서 온 형 친구들은 잡혀 댕겼거든. 보도연맹 가입하라고 협박도 당하고, 가입 한 사람도 많고. 그런데 형님은 분명히 안 끼였습니다. 그 건 확실합니다."

그런데 왜 자살까지?

"그걸 알 수가 없어요. 참 별일이죠."

그 때 형님이 자살 직전 이사장님에게 '이제는 영구분단이다'는
말을 하셨다고요?
"분명히 그 말을 했습니다. 개인이 (분단에 대한) 책임감까
지 느낄 필요는 없는데, 아주 비관적이긴 했어. 대구에서부
터 쭉 알고 지내던 친구들이 대부분 죽었거든."

아버지는 그 사이에 1952년 서울 수복 후 서울 경운동에서 연탄
공장을 차리셨다고?
"꽤 상세하게 아네? 내 기억보다 더 정확한데, 내 젊을 때
얘길 들었나?"

(웃음) 그리고 흥국탄광은 1956년에 시작하셨다는 기록도 있고,
1953년이란 말도 있던데.
"1953년이지. 형님 자살하자마자 거기로 가셨어요. 이게 참
기구한데, 아들이 그렇게 되니 아버지 절망, 엄마 절망, 할
매 절망, 다 절망적이니까 (연탄공장) 인부들은 어떻게 해
요? 인부들도 먹고살아야 할 것 아니요? 마침 여름인데, 연
탄공장은 어차피 연탄이 안 팔리고 그 당시엔 연탄 때는

집도 많지 않고, 그래서 초여름에 이미 연탄공장 안에 얼음 창고를 지었거든요. 그래서 아이스크림 장사라도 해야죠."

그러니까 아버지가 없는 상태에서 이사장님과 인부들이 얼음과 아이스크림 장사를 했던 말입니까?
"바로 낙원시장 옆이었는데, 일곱 여덟 명이 원래 있던 리어카 가지고 장사를 했지. 그걸로 먹고 살았지. 아버지는 나중에 알고 보니 탄광으로 갔어."

그게 1953년 몇 월쯤?
"8월에 이미 간 거지. 7월 27일 형님이 그렇게 되었으니까. 나는 나중에 알았지만. 그런데 1956년이라는 것은 내가 대학 간 해니까. 그 때 입학금도 제대로 구하지 못하고 있었는데 어느 날 수표를 한 장 갖고 오셨더라고."

이사장님이 대구에서 전시 연합 중학교는 몇 학년까지 다녔습니까?
"중학과정은 마치고 고등 1학년 반까지 다녔지. 그게 53년 7월까지였죠. 7월초에 갔는데 가자마자 형님이 그렇게…."

그러면 최종 고등학교 졸업은 어떻게 하셨습니까?

"서울사대부고에서 졸업했죠. 53년 겨울에 시커먼 흙이라도 갖고 연탄 찍는데 앉아 있다가 아무래도 학교에서 낙제할 것 같아서, 12월까지 지나버리면 낙제가 되니까 12월 20일쯤 되어 학교로 갔죠. 선생님이 '넌 입학금을 안 냈기 때문에 입학이 안 된다' 하는 거야. '선생님 저는 원래 부중 입학생입니다. 시험도 쳤고요. 지금이라도 학제가 바뀌어서 입학금 내라면 내면 안 됩니까' 했더니 다시 시험을 치라고 해. 그래서 시험을 쳤는데 운이 좋아서 그런지 모두 백 점이야. 전쟁판이라 대구 연합중학교보다 서울이 진도가 늦었던가 봐. 나는 다 배운 게 나왔더라고."

그렇게 해서 사대부고를 마치고 56년 3월 서울대에 입학하게 되는군요. 서울대 철학과도 시험을 쳤죠? 공부를 잘 하셨군요.

"공부를 잘 한 게 아니라 시험을 잘 쳤죠. 공부 잘 하는 것과 시험 치는 것은 별개입니다.(웃음)"

이후 탄광에서 소장으로 함께 있었던 박윤배 씨도 대구 전시 연합중학교 동기였나요?

"그럼요. 대건중학교 1학년부터 동기입니다. 전쟁으로 수업

일수가 모자랄까봐 아예 1월부터 소집을 했어요. 아, 박윤배 이야기도 나옵디까?"

재미 철학자 김상기 선생과 이후 국가정보원장을 지냈던 이종찬 씨도 연합중학교를 나왔다던데.
"김상기와 제일 친하지. 대학 철학과까지 동기지. 이종찬도 대건중학교부터 동기지."

연합중학교라는 게 어떤 개념입니까? 여러 학교 학생들을 합친 겁니까?
"전국에서 피난 온 사람들을 대상으로 대구에서 피난 연합 중학교를 만들어 공부시킨 거죠. 아마 대전에도 있었을 겁니다."

문학평론가 백낙청 선생도 거기 출신이라던데.
"바로 거기서 만났죠. 김상기와 백낙청이와 초등학교 동기 거든. 같은 초등학교에서 함께 월반을 했던 동기지. 백낙청 이 학년은 한 해 위였어."

그런데 백낙청 선생은 1938년생으로 나와 있던데요.

"그렇게 어려? 음력으로는 37년생인데, 월반을 했으니까."

거기서 만난 분들이 많군요. 그 분들 외에도 있나요?
"음, 꽤 많은데 누가 있지?"

선친의 비문을 찾아보니 '아들 현국의 죽마지우 박이엽 지어 민병
산 쓰다'라고 되어 있는데, 박이엽은 누굽니까?
"본명은 박은국이란 사람인데, '여명 200년'이라는 한국 기
독교 전래사를 씀으로서 기독교방송(CBS)에서 7년 동안
단 하루도 안 쉬고 방송을 한 친구지. 입체낭독에 해당하
는 라디오 방송극이었는데, 그걸 지문으로 해가지고 스물

네 권인가 책으로 냈지. 카톨릭 수녀원이나 수도원에서 묵상 시간에 그걸 틀었을 정도였습니다. 그게 계기가 되어서 처음 복자도 될 수 있었던 것이지."

중요한 기록물이 되었군요.

"기독교방송이 정부의 괘씸죄에 걸려가지고 광고도 못 받게 해서 어렵게 되었는데, 그것도 박이엽이가 '재치부인 아차부인'을 해가지고. 정부를 해학적으로 비판하는 프로그램이었는데, 그게 크게 걸려가지고 기독교방송이 정부의 미움을 사서 자금난에 부딪히게 되었는데, 루터란 교단에서 루터란아워라는 그 시간에 돈을 대줘가지고 견딜 수 있었지."

## 홍국재단이 인수한 경남대, 박종규에게 넘어간 까닭

다시 선친 이야기로 돌아와서 비문에 보면 이런 구절이 있습니다. '존재도 희미하던 해인대학海印大學이 경남대학교로 크게 자라는 기틀을 마련해 주었고.' 이건 무슨 말입니까? 선친과 경남대가 무슨 관계인가요?

"해인대학이 마산대학으로 바뀌고, 그 마산대학에 이사장을 했고, 나도 이사입니다. 그 때 보니 교수들끼리 파벌 싸움을 해요. 이건 아버지도 나와 같은 생각이었는데 장돌뱅이가 아무리 옳아도 대학교수들에게 이래라 저래라, 옳으니 그르니 하는 것은 말이 안 된다. 필요한 돈만 대줄게. 이렇게 선언을 했더니 교수들끼리 싸움을 하고 그러면서 자꾸 (서울로) 올라와요. 판사가 죄수에게 재판해달라고 묻는 것처럼 장돌뱅이한테 대학교수들이 와서 시비를 가려달라는 거야. 그래서 어떻게든 당신들끼리 논의를 하고 협의를 하시고 화합을 하셔야지. 이렇게 하시면 개구리한테 학보내듯이 그런 꼴이 벌어진다고 했지. 그러다가 할 수 없이 왕학수 교수를 학장으로 보내기로 결정이 됐는데, 왕학수가 갔는지 안 갔는지도 모르겠습니다. 왕학수가 어떤 사람인지 모르시죠? 박정희와 사범학교 동기동창인데 유명한 교육학자입니다. 사람은 점잖고 괜찮죠. 가기로 다 해놓고 교수들끼리 싸우는데 가지마라 하여 아직 안 보낸 상태로 문홍주 문교부장관한테 이야기를 했죠. '국립으로 만들어라' 하며 줬어요. 거기에도 말 못할 일이 있는데, 뭔가 자꾸 탄광에 융자를 안 주고 애를 먹여요. 그래서 우리가 왜 그러는지 알아볼 것 아닙니까? 그래서 문홍주 장관에게 국립이나 공립으로 하라고 줬는데, 박종규가 가져가버렸어요.

채기업-채현국 부자의 마산대학(현 경남대학교) 인수를 보도한
〈마산대학보〉 1966년 9월 12일자 기사.

문홍주가 박종규한테 주더라고."

국공립을 하라고 국가에 헌납을 했는데? 문교부장관이 박종규한
테…?

"줘버린 거지."

대학 재산도 상당했을 텐데.

"아무렴. 신익희 선생이 하던 대학인데?"

소설가 이병주 선생도 거기서 교수생활을 했잖아요.

"그럼요. 이병주가 다 나서가지고…. 원래 아버지 돈 쓰는 일은 이병주가 끌어들인 일이 많습니다."

그러면 원래 해인대학·마산대학 시절에 효암 선생이 이사장이었네요?

"그래 가지고 해인대학 때문에 동국대학까지도 불교계에서 인수하라 하는 걸 우리 아버지가 장사꾼은 돈만 대야지 해서…."

그러면 선친은 누구로부터 인수받은 겁니까?

"이미 말썽이 난 상태에서 이사회에서…."

그 때 인수를 한 시점이 언제였습니까?

"생각을 해보면…. 음. 그게 60년대 중후반쯤이었나? 박종규가 가져간 것보다 1년이나 1년 몇 개월, 또는 2년이나 앞이었으니까."

박종규[1930~1985]는 박정희 대통령을 도와 5·16쿠데타를 일으킨 측근으로 1964년 육군대령으로 예편해 대통령 경호실장으로 부임했으며 일명 '피스톨 박'으로 불렀다. 현 경남대학교는 그의 동생이자 김대중 대통령 시절 통일부 장관을 했던 박재규[1944~] 씨가 총장으로 있다.

경남대학교 연혁을 보면 1968년 3월 삼양학원 이사장 이명조 취임, 1970년 2월 삼양학원 이사장 박종규 취임으로 나온다.

이에 앞서 〈경남대학보〉에는 1966년 7월 20일 홍국재단이 문교당국으로부터 정식 인준을 받았고, 9월 5일 채기엽 이사장이 취임식을 한 것으로 기록하고 있었다. 학보는 홍국재단에 대해 '국내 유수의 재단으로서 서울의 홍국탄광, 충남 장항의 조선회사, 천안의 홍국금광을 경영하고 있다'고 소개하고 있다. 또 이날 취임식에서 채기엽 이사장은 "교수는 학생을 가르치는데 전념하고, 학생은 면학에만, 그리고 재단은 교수들의 훌륭한 가르침을 위한 뒷받침에 전심하여 각자의 본분을 지켜줄 것"을 강력히 당부했다고 기록되어 있다. 재단 이사 명단으로는 채현국, 김상기, 김종신, 한태일, 정성량, 윤병희 등이 기록되어 있다.

선친과 이종률, 유석현 이런 분들과는 친분에 어떻게 형성된 건가요?

"이 얘기하기가 더럽지만 대구의 서상일 선생이 원래 민족주의자였는데 일제 때 곤란에 못 견뎌 일본한테 그냥 투항한 꼬라지입니다. 그래 가지고 서상일 선생을 미워하는 민족주의자들이 대구에 많이 생겼습니다. 서상일 선생이 해방 공간에서 한민당(한국민주당) 쪽으로만 안 들어갔어도 좀 분위기가 달랐을 텐데, 그렇게 되니까 대구에서 민족주의자였다가 친일행위를 했다고 보이는 사람들이 한민당 쪽에 많이 들어갔습니다. 초기 대구의 한민당에는 그런 사람들이 많았습니다. 그래가지고 한민당이 심지어는 김구 선생에게까지 정치자금을 준다는 걸 안 받았느니 받았으니 논란이 있습니다. 한민당이 친일로 몰리기 싫어가지고 김구 선생도, 이승만에게도 정치자금을 댄 겁니다. 그 짓을 했기 때문에 대구의 민족주의자들이 아주 혐오감을 가지고 있었는데, 그걸 자꾸 빨갱이로 모는 겁니다. 장택상이도 집안 모두가 친일을 했는데 미국에 붙어가지고 그 사람들을 빨갱이로 슬슬 몰고…. 그런 분위기가 꽉 차 있었기 때문에 자연히 우리 아버지는 교남학원 출신이고 이상정 선생이 있고 이상화가 있고 그러니까. 나이는 차이 나도 다 친구라. 이상화도 친구로 술도 같이 먹고. 아버지 열일곱 살에 할아버지가 사실은 동경 지진 끝에 그냥 칼 맞아 죽었습니다. 그러니 아버지는 자기 아버지가 칼 맞아 죽었는데 어느 놈이 일본을 좋아하겠습니까?"

동경에서 돌아가셨습니까? 할아버지가?
"나고야에서. 일본에서 지진이 난 줄도 모르고 일본으로 배를 타고 떠났는데, 그날이 지진이 난 날인가 그래요. 도착해서도 지진 난 분위기인줄도 몰랐겠지. 그 때 신문을 본 것도 아니고 일본말을 썩 잘하는 것도 아니고, 그래도 객지 물깨나 잡쉈다고 간 사람이 일본놈이 뭐라 뭐라 하니까 나섰을 것 아니요? 한 칼에 그냥 칼 맞아 돌아가셨던 거지. 조선 사람이면 막 때려 죽이는 분위기라는 걸 몰랐던 거지. 나중에 안 거에요. 그래서 우리 집 식구들은 할아버지가 일본에서 돌아가셨다는 말도 잘 안 해. 나도 이 이야길 아버지한테 들은 것도 아니고 주변 사람들에게 들었어. 제사 날짜를 보니 동경 지진 난 그 때라."

그렇군요. 할아버지 장례는?
"아버지가 가서 직접 초상 다 치고 그랬지. 열일곱 살에…."

아버지가 그런 말은 안 해도 '담膽을 크게 가져라, 간肝은 작아야 한다'는 말은 자주 하셨나요?

"아, 그건 나한테 주로 한 말씀이에요. 심지어 간 큰 새끼는 살아남고 담 큰 새끼는 다 뒈졌다는 말씀도 했죠. (웃음) 늘 하시는 말씀이 조선놈은 어쩌다 보니까 담 큰 놈은 다 뒈져버리고 없네? 그 말이 무슨 말이겠습니까? 뻔하지 않습니까? 힘들고 참으로 하기 어려워도 해야 할 일 하는 놈은 담 큰 놈이고, 간 큰 새끼는 잘난 척 하고 아무 거나 하는 놈 아닙니까? 그게 우리 민중 지혜라."

그러면 1953년에 형이 돌아가시고 나서 아버지가 집을 나가버렸는데, 알고 보니 강원도 삼척군에 가서 탄광을 하고 있었던 거로군요.

"탄광을 하고 있는 중에도 집에는 왔지만 그 말을 한동안 안 했어요. 형님이 그렇게 되기 전에도 아버지는 사업이 안 되면 식구들과 궁상부리고 집에 있지 않았어요. 그냥 사라져버려요. 그러면 우리는 굶어요. 어머니도 나이 들어 삯바느질도 안 하니까. 그런데 자존심 때문에 이웃에 손을 벌리지도 않았어요. 바로 이웃에 오촌 조카가 살았는데도 아무 말도 안 하니 굶는 줄 몰랐어. 나중에야 알고 '말도 안 해가지고 우리를 나쁜 사람 만들었다'고 원망을 들었지."

1953년에는 어머니도 함께 서울로 가신 거죠?
"다 갔지. 그런데 아버지가 사라진 건 일제 때만 사라진 게 아니라 난감해지기만 하면 사라져버렸다는 거지. 쫄쫄 굶었는데 뭐. 그러니까 나는 아버지가 안 계시면 고생하는 거고, 계시면 부자로 사는 거고."


## 양산 개운중학교 개교 및 인수 비화

연표를 보니까 양산 개운중학교가 1953년에 개교했던데요. 그 때는 아버지와 상관 없는 학교였던 거죠?

"아무 상관 없습니다. 이종률 선생 땜에 이걸 한 겁니다."

초대 교장이 임상수라는 분이던데.

"임상수 선생이 많지도 않던 자기 재산 다 내놓고…. 그런데 이협우라는 놈이 있었는데, 특히 경상도 사람은 이협우라는 사람을 그냥 용서하면 안 됩니다. 일제 고등계 형사 출신인데, 임상수 선생 젊은 나이 때 재산 좀 있는 걸로 취급되어서 (그 놈에게) 잡혀갑니다. 이협우가 돈 빼앗으려고. 이협우는 해방 공간에서도 (죄 없는 사람들을) 빨갱이로 몰아 남 재산 빼앗는 게 으레히 하던 일입니다. 그래서 4·19 나니까 그 놈 죽여라는 말이 나온 겁니다."

이협우가 대구 쪽 사람입니까? 들어본 것 같은데.

"경주 놈이에요. 이齊가니까 경주 양반이고 교육 받았으니까 고등계 형사를 했죠. 고등계 형사라는 게 일제 때 날리던 놈 아닙니까?"

이협우가 형인가 동생인가도 있는 걸로 아는데, 6·25 때 그 형제가 무고한 사람들을 빨갱이로 몰아 학살하는 데도 앞장섰다는.

"바로 그 놈이 이협우 본인입니다. 그 자식이 그렇게 악질입니다. 그 놈이 원흉입니다. 이협우 같은 놈은 그냥 묻으면 안 됩니다. 저게 그냥 평화롭게 뒤졌습니다. 안 맞아죽고…. 악행을 한두 가지 한 자식이 아닙니다."

그랬다. 이협우는 경주 내남면 출신으로 1960년 4·19혁명 이후 그의 동생 이한우와 함께 기소되어 사형 선고를 받았으나, 1961년 5·16군사 정변 직후에 풀려났다. 최종 형은 1963년 5월 대법원에서 받았는데, 살인과 방화혐의에서 무죄를 선고받았다. 풀려난 이후 경주에서 사기도박을 알선하는 등 폐인처럼 살다가 1987년 사망했다.

네. 민간인학살 가해자 명단에 나온 그 놈이 분명하군요.
"그 사람을 미워하자는 게 아니라 이런 역사적인 의식을

못 가짐으로 해서 그런 사람이 남아가지고 김주열이한테
최루탄 쏘아가지고 시체 유기하고. 그 놈도 반민특위에 잡
혀서 재판 받던 놈인데, 이승만이가 (반민특위)습격하라 해
가지고 풀어준 놈 중에 한 놈 아닙니까?"

맞습니다. 마산 3·15 의거 때 김주열을 죽이고 시체를 유기했던
장본인이 박종표라는 마산경찰서 경비주임인데요. 그 놈도 일제
때 부산에서 아라이라는 이름으로 독립운동가들 잡아서 고문했던
악질 헌병보조원이었죠.

"맞습니다. 박종표."

부산에서 신상묵이라고 신기남 국회의원 아버지와 함께 활동했던 헌병보조원이었죠.

"신상묵이도 참. 신기남이는 모르고 헛소리 했지. 자식한테 얘기할 리가 있습니까? 얘기 안 하니까 몰랐겠지."

임상수 선생이 그 이협우에게 끌려갔단 말입니까?

"이협우한테 끌려가가지고 감옥에 있었던 걸 내가 우연히 알았죠. 임상수 쪽에서 들은 게 아니죠. 내 친구 되는 사람이 일개 중위로, 독립중대 중대장으로 와서 보니까 감옥에 있는 사람들 꼬라지가 좀 수상하거든요? 빨갱이 같이 보이지가 않아서 하나하나 물어보니까 전혀 빨갱이가 아닌 사람들이 잡혀있어. 이게 어떻게 된 건지 이유를 모르겠거든. 빨갱이일 리가 없거든, 이북에서 온 사람인데. 그래서 다 풀어줘 버렸어. 그래가지고 이협우가 난리가 나요. 그것도 누구에게 들었냐 하면 공의☆☞라고 있어요. 의사 중에 재판 증언하는 자료를 만들어주는 의사를 공의라고 하는데, 그 공의한테 물어보니까 전부 억울한 사람이라고 그래. 이협우가 돈 뺐으려고 잡아넣은 거라고. 그 사람도 일제 때 있었기 때문에 이협우가 고등계 형사 출신이라는 걸 알거든. 경주하고 가깝잖아요. 울산경찰서에 다 잡아넣은 거야. 그 렇게 다 풀어 줘가지고 그날부터 이협우가 이창해라는 이 중대장을 빨갱이라고 내무부에다 얘기합니다. 그 얘기를 내가 들었거든. 딱 여기서 임상수가 한 일을 보니까 이 사 람도 그 때 잡혀갔던 사람 아닌가 싶어서 그 식구들한테 물어보니까 '맞습니다. 내가 형님 면회 다녔습니다' 하는 거 야. '어느 군인이 와서 가라 해서 풀려났습니다.'"

그 군인이 이름이 뭐라고요?

"이창해라. 독립중대 중대장으로 공비 토벌하러 왔는데 그 런 일이 있었던 거지."

그 일과 개운중학교 설립과는 어떤 관계가 있나요?

"그래서 6·25 전쟁이 나니까 또 재산 때문에 또 자칫하면 잡혀가서 두드려 맞겠구나 싶은 마음이 들어가지고 있는 돈 없는 돈 다 털어서 유림, 유도회 땅 가지고 학교를 시작 한 겁니다. 돈도 많지도 않은 양반이."

그런 사연이 있었군요. 선친이 개운중학교를 인수한 것은 1968년

인가요?

"아니야. 1965년인가 66년에 이종률 선생이 여기에 온 게 언젠지 당시 학생들에게 물어봐야 해. 왜냐하면 문서에 이종률 선생이 나올 수 없는 게, 분명히 무죄 선고를 받았는데…."

10년을 받았죠.

"아니, 아예 무죄야. 1심에서 사형선고를 받았는데…. 이건 정확한 연표를 찾아봐야 겠네."

〈한겨레〉 안수찬 기자가 지난 2005년 '산수 이종률 선생
탄생 100주년 기념행사 추진위원회'의 도움으로 만든 이종
률 선생 연보는 다음과 같다.

-1905년 경북 영덕 출생(6월6일)
-1925년 최초의 사회주의 학생단체인 공학회共學會 대표
-1926년 6·10만세운동을 준비하던 중 체포돼 투옥
-1927년 일본 와세다대 입학. 신간회 도쿄지회 결성 참여.
　　　　재일본 조선청년총동맹위원
-1928년 신간회 도쿄지회 간사. '우리말연구회 사건'으로 와세
　　　　다대에서 출학당함. 조선학생맹휴동맹사건으로 수감
-1936년 형평사 운동을 배후에서 지도한 혐의로 투옥
-1938년 출판법 및 치안유지법 위반으로 공주형무소 투옥
　　　　(이후 해방 때까지 보호관찰대상)
-1945년 해방직후 조선학술원 서기국 상임위원
-1946년 민족혁명 전위당 건설을 위한 사전조직으로 민족건
　　　　양회 결성. 〈민주일보〉창간 주도. 편집국장과 주필 역임
-1947년 민주주의독립전선 결성하고 단정수립 반대투쟁 전개

-1952년 제2대 대통령선거에서 이시영 후보 선거운동을 통해
   평화통일운동 전개. 부산대 정치학과 교수로 부임
-1956년 제3대 대통령선거 때 평화통일론 방향의 신익희 후
   보진영에 참여하여후보단일화운동 전개
-1958년 자신을 찾아온 간첩 불고지죄로 투옥. 〈국제신보〉
   편집고문, 〈부산일보〉 논설위원 역임
-1960년 민주민족청년동맹 결성
-1961년 〈민족일보〉 창간 주도
-1962년 민족자주통일중앙협의회 결성 주도해 군사혁명 특
   별재판소에서 사형 구형, 10년형 선고
-1965년 형 면제로 석방
-1966년 경남 양산 개운중학교 교장으로 일하며 민족교육
   사업 전개
-1974년 뇌졸중으로 쓰러짐 1989년 사망

이종률 선생 연표를 보면 1962년에 구속되어서….
"아니지. 61년이지. 5·16 쿠데타 나고 얼마 안 있어서 민족
일보 사건으로 잡혀가잖아."

그런데 그게 이사장님이 좀 잘못 알고 계신 것 같은데요. 민족일보

사건으로 감옥살이를 한 게 아니고, 민족일보 사건 때는 무죄를 받았고요. 그 다음해 1962년도에 민자통, 민족자주통일협의회 사건으로 징역 10년을 받습니다.

"아. 그래. 민자통으로 또 끌려가. 나는 그게 거의 연속으로 알고 있네."

예. 그래가지고 65년도에 석방이 됩니다.

"그래. 65년도에 나오자마자 몇 달 안 되어서 그랬으니까. 65년 몇 월입디까? 일찍 나왔으면 65년일 것이고, 늦게 나왔다면 적어도 66년입니다. 그 때 임상수 선생은 월급도 못 대서 아주 죽을 지경인거라."

그런데 개운중학교 인수 시기가 어떤 자료에는 65년, 어떤 자료에는 68년으로 나오더라고요.

"그게 이종률 선생 이름은 문서에 올릴 수가 없기 때문에 할 수 없이 우리 아버지 이름을 이사장으로 해놓고 교장은 민숙례로 나올 거야. 실제로는 이종률 교장이 하는데 문서에는 민숙례 교장으로 되어있습니다."

민숙례가 누굽니까?

"(웃음) 이종률 선생 부인입니다. 당시 정권에서 이종률 선생을 용납하지 않았기 때문에…."

아, 그렇게 된 거로군요.
"교육청에서 아예 안 받아줘. 교장도 안 되고, 이사도, 이사장도 안 받아줘. 그래서 아이들 졸업장에는 이종률 교장 이름으로 되어 있습니다."

이사장님은 1956년에 서울대 철학과 입학하여 졸업은 언제 합니까?
"60년 8월 졸업이지."

졸업하고 군대는 안 갔습니까?
"갔다 왔으니까 60년 8월이지."

그 때도 대학은 4년제 아니었습니까?
"군대를 내가 9개월인가 10개월인가 갔다 오거든요. 왜냐면 독자니까. 나중에 독자는 병역 면제인데도 그 때는 6개월인데 제대가 늦어져가지고 9개월인가 했어요."

**중앙방송(현 KBS)에 입사했으나 때려치운 사연**

1960년 8월에 졸업하고 중앙방송에 입사했는데 졸업한 그 해입니까?

"그 후에. 그게 61년인가 봐요. 졸업하고 유학 갈까 했다가 돈이 안 되기에 책이나 보고 룸펜 생활했죠."

이후 중앙방송에 입사했는데, 그 때 정확하게 PD로 한 겁니까, 배우로 한 겁니까?

"피디가 아니고 연출 1기라는 말을 썼습니다. 드라마 연출을 위한 연출만 따로 뽑았습니다. 우리는 몰랐는데 텔레비전 방송 계획이 있어가지고 뽑았던 겁니다. 처음입니다."

그 때 방송국에 들어가니 이순재(탤런트) 씨도 이미 들어와 있었습니까?

"아니 아니. 순재는 드라마센터 단원으로 나가고 있고, 방송에서는 KBS 안에 군 방송을 하고 있었어요."

그래가지고 중앙방송에 들어갔는데, 3개월 만에 나와 버린 건 왜 그랬나요?

"5·16 후에 직장을 마음대로 관두거나 이탈하는 건 금지되어 있었거든요. 그런데 보니까 이건 할 일이 아니라. 딱 보니까 선전요원으로 뽑은 거예요. 그런 곳에서 불량한 나 같은 게 들어와서 찍찍거리고 말하는 걸 보니까 방송국장 이런 사람들이 볼 때 뭔가 애매하게 자꾸 굴더라고. 일거리 안 주고. 게다가 참 말하기 안 좋지만 얼마나 연출료가 비싼지 한 달에 30분짜리 하나만 하면 대학의 정교수보다 많아. 거의 두 배쯤 돼. 엄청나. 따라서 이건 국장서부터 그런 돈 다 갈라먹는 거야. 작가료, 연출료, 그 다음에 배우들 개런티 해서 그 돈을 갈라가지고 방송국 직원 월급으로 쳐왔어. 그게 묵약이 다 되어서 돌아가는 판이야. 지나간 일인데도 이런 걸 아무도 글 하나 안 쓰고 뭐하는지 몰라. 나 같은 사람은 증거도 없고 아무 것도 없으니 못하지만. 정부 전체 기관이 그 따위로 돌아가는 판이라. 그러니까 아 이런 짜고 치는 고스톱판에, 이승만이가 쫓겨나서 다행이긴 하지만 이승만 때 하던 그 짓 그대로 있는 거야."

중앙방송도 애초부터 국영이었나요?
"국영이 아니라 아예 국가기관이에요. 공보부의 외청이죠."

거기서 무슨 정권홍보성 프로그램을 만드라고 했습니까?

"완전히 그 판으로 돌아가고 있었지. 방송국 전체가 그랬어. 월급도 그렇게 갈라먹고 있는 판인데. 증거는 없지만, 우리를 뽑은 이유가 새로운 군사정권의 선전도구로 써먹으려는 것이지."

그래서 3개월 만에 사표를 내신 건가요?

"사표도 안 냈어요. 사표를 안 받아줘요. 왜냐하면 사표를 받아주면 우릴 관리하는 계장이면 계장, 과장이면 과장이 문제가 생겨요. 그런 분위기를 아니까 계장보고 나 먹고 살려고 그만둘 테니까 알아서 하시오. 그들이 일거리를 안 주고 있으니까 핑계를 잡았죠. 차비 일정하게 더 줘요. 차비 몇 달이고 난 상관 안할 테니까 난 안해. 그리고 그냥 나와 버린 거죠."

나온 뒤에는 아버지에게?

"탄광으로 가버렸지. 여기서 얼쩡거리다가 또 오라하고 딴소리 날까봐 아예 시골로 가버렸어요."

5·16 쿠데타 이후였죠?

"뒤지."

그래갖고 1961년 하반기부터 아버지 일을 돕게 되신 거네요?

"정확하게는 탄광에 합류하게 된 것은 62년부터. 내가 연탄공장은 늘 했고, 그러다가 나중엔 빈 연탄공장으로 남아있게 되고. 그 내막이 내가 학교도 가고 해야 하니까 내가 뭘 할 수도 없고. 아버지는 탄광에 매여 있어야 했으니까. 나는 빈집이 되어 있는 연탄공장 안 땅굴에서 나 혼자 책보고 하면서 살았죠."

아버지가 삼척군 도계에서 탄광을 할 때 서울의 연탄공장을 완전히 정리하지 않고 가신 거네요.

"탄광 갈 때 사업하러 간 것도 아니에요. 자식 죽고 나니 그냥 싫어서 간 거죠. 죽으면 죽고 그냥 모르겠다 하고 간 거죠."

그렇게 해서 방송국 때려치우고 탄광에 합류했을 때 어떤 역할로 가게 됐나요?

"기가 막혀요. 그것도 때려치울 결심을 하기 전날 가보니까 부도가 나기 직전인거요. 지금도 부도가 나면 어떤 일이 일어나는지 잘 모르죠?"

채권자들이 압류하러 오고 그러지 않나요?

"그 정도밖에 모르죠? 우리나라에만 있는 법률인데 우리는 하도 신용이 무너져 있어서, 수표가 부도나면 위조어음 발행자가 돼요."

그렇죠. 부정수표단속법에 걸리겠네요.

"그 법 때문에 감옥에 갑니다. 나도 그 땐 그걸 알 리가 없지요. 아버지가 감옥에 간대요. 잡혀간대요. 도망가야 된대. 예? 장사를 하다가 도망을 가요? 그게 법이래. 그것 참 찰스 디킨즈 시대도 아니고 장사를 하다가 잘못 됐다고 해서 망하고 거지가 되는 게 아니고 감옥을 가고 도망을 가? 나도 그걸 처음 알게 된 거예요. 그래서 어떻게 된 건지 들어보니 돈을 못 막으면 은행에서 부도가 되고, 그날로 이미 범죄는 성립한다는 거야. 한 건 한 건마다 범죄야. 매 수표 한 장마다가 범죄야. 이런 개념 아십니까?"

2부

# 사업 성공과 정리, 친구들이 남았다

채현국 효암학원 이사장은 TV도 안 보고 신문도 읽지 않지만 사람과 책은 참 좋아하는 것 같다. 2014년 8월 말 경남도민일보를 방문했을 때 배낭 안에는 책이 들어 있었고, 9월 초 필자가 양산을 방문했을 때도 여러 책을 자랑했다.

그 때 내가 썼던 〈토호세력의 뿌리〉(도서출판 불휘)를 말씀 드렸더니 꼭 구해보고 싶단다. 그래서 9월 23일 세 번째 만날 때 그 책을 드렸더니 역시 기뻐하신다. 된장찌개와 보리밥으로 함께 점심을 먹고 학교로 돌아가는 길이었다. 가방에서 책을 한 권 꺼내더니 "이 책 읽어봤습니까?"라며 불쑥 건넨다. 그의 친구 박이엽 선생이 번역한 〈죽어가는 천황의 나라에서〉(창비)라는 책이었다. 표지를 열어보니 번역자의 부인 서명이 있다. 그래서 "내가 서명까지 있는 이 책을 가져가면 됩니까"라며 사양하려 하니 "다음에 올 때 가져오면 되지" 하며 극구 읽어보라 주신다.

헤어질 땐 또 한 권의 책을 더 주신다. 임락경 목사가 쓴 사람과 삶에 대한 이야기다. 제목은 〈임락경의 우리 영성가 이야기〉(홍성사).

만날 때마다 밥과 술을 사주려 하고 헤어질 땐 다시 만나자고 해주시는 분. 독재치하에서 해직되고 탄압받던 사람

박종현(왼) 개운중학교
교장과 채현국 이사장.

들을 남몰래 도왔던 이야기를 꺼내면 "그저 사람을 좋아했
을 뿐"이라고 손사래를 치는 분.

그렇게 사람을 좋아하는 채 이사장이 2014년 또 한 사람의
가까운 친구를 잃었다. 동아일보 해직기자이자 언론운동가
성유보[1943~2014] 선생이 10월 8일 급성 심근경색으로 별세한
것이다. 채 이사장이 1935년생이니 고인보다 여덟 살이나
위지만, 그는 나이로 선후배를 가리지 않는다. 많거나 적거

나 좋은 사람이면 그냥 친구다.

채 이사장은 서울에서 친구 성유보의 장례를 치른 후 나흘 만에 양산에 돌아와 있었다. 전화로 안부를 물었다.

오랜 친구를 잃어 마음이 좀 안 좋으시겠습니다.

"오래되기도 했지만 친했어요. (한겨레) 편집위원장 그만 둔 뒤로 늘 임재경과 함께 어울렸죠. 그래서 '어린 놈이 지 맘대로 먼저 죽는다'며 우리끼리 그랬어요. 사실 4~5년 전에 심장수술을 받고 나선 몸이 안 좋았어요. 그래도 이렇게 갑자기 가버린 게 잘 됐는지도 몰라요. 살아있는 내 마음이 그런 거지, 오래 고생하다 가는 것보다는 다행이지요."

리영희 선생도 가셨고, 이렇게 가까운 분들이 떠나시면 많이 서운하시죠?

"죽는 사람이 있어야 새로 태어나는 사람도 있는 거요. 모든 생명이 다 그래요. 늙은 별이 폭발하여 새 별이 생기듯이 종말이 있어야 새로운 게 나오는 법이요."

이사장님에게 죽음이란 뭘까요?

"죽음이 불안과 공포라는데, 사는 것 자체가 불안과 공포 아니요? 죽음이란 열심히 살아온 사람에게 쉰다는 것이죠. 하긴 게으르게 산 사람도 좀 쉬어야지. 순환, 뭐 그런 게 아니라도 죽어야 새로운 게 나오는 법이니까. 나이 많은 사람에겐 빨리 못 갈까봐 걱정이죠."

그는 '빨리 못 갈까봐 걱정'이라 했지만, 시대의 어른으로서 세상을 향한 그의 쓴소리를 오래 듣고 싶어하는 사람들이 많다. 이 글도 그런 사람들에게 인간 채현국의 삶과 그의 목소리를 들려주기 위함이다. 다시 그의 청년 시절로 돌아가보자.

**아버지와 함께 기업을 일으키다**

중앙방송(현 KBS)을 박차고 나온 27세의 청년 채현국은 아버지가 운영하고 있던 강원도 탄광에 합류하기로 한다. 그러나 상황은 순탄하지 않았다. 하필 그 때 아버지의 탄광은 부도 직전의 상황에 몰려 있었던 것이다.

그래서 어떻게 했습니까?

"막 오늘 부도나는 것처럼 되어 가더라고. 그래서 그 자리에서 바로 전화를 했어요. 친구한테 우리 아버지 부도난단다. 돈 좀 꿔다오. 그랬더니 친구가 막 웃어. 너는 이 자슥아, 둘 중에 하나만 말해야지. 돈 좀 달라고 하든지, 부도난다는 말은 안하든지. 부도가 나면 이 새끼야 돈 꿔달란 말은 안해야지. 그래서 내가 너한테는 사실대로 말하지 너를어찌 속이노 했지. 막 웃으면서 오라고 해 마침. 그래가지고 그날로 조금 모자라지만 난데없이 막았어요."

그때 제일 큰 도움을 받은 친구가 누구였습니까?

"한 명이 아니라 참 여러 사람한테 도움을 받았지요. 결국부도가 나는 건 마지막 가서 몇 푼 안 되는 돈이 걸려들거든. 아예 안 되는 큰돈이라면 그건 안 되는 거죠 뭐. 낙청이 어머니한테 도움을 굉장히 받았어요."

누구라고요?

"백낙청 교수 엄마한테서 도움을 굉장히 받았어. 낙청이 어머니가 나를 아주 좋게 생각했어요. 사실 병원 돈을 빌려주는 것이지만 실제로는 따지고 보면 공금 횡령 아닙니까.자기네 병원이지만 법인체니까. 그러나 급한데 어떻게 합니

까? 수표 안 끊는 사람은 도대체 그 (절박한 상황을) 실감 못합니다. 아버지 감옥 간다는데 어떻게 해요? 그래서 그것 이 360% 이자를, 세상에 3할 이자니까, 월 이자가 30%에 요."

백낙청 어머니한테도 그렇게?
"그런 적은 한 번도 없어요. 그런 돈을 이자 놓을 사람도 아니고. 다른 곳에서 그렇게 고리로 빌리고, 마지막 그냥 급한 것 끝을 마감해 준거지."

그렇게 해서 함께 탄광사업을 하다 73년도에 사업을 정리하기 전 까지 아버지 채기엽 선생의 역할과 이사장님의 역할은 어떻게?
"아버지는 사장이라 하지만 아무 것도 안하는 회장이고, 그냥 노시기만 하면 됐죠. 가끔 탄광에 내려가시기만 하면 돼."

실질적으로는 이사장님이 사장 역할을 다 했네요?
"그럼, (아버지는) 연세도 있고…. 그게 다 내 꾀죠. 철학과 나온 놈이 돈 잘 번다는 게 자랑일 건 없잖아요. 장사꾼으 로서 해야 할 일은 야, 우리 아버지가 그렇게 하잖다 그런 식으로 했지. 사실 (아버지 말이 아니라) 내 말이지 전부. 뭘 아버지가 물어나 보나. 또 실제로 아버지한테 얘기를 해도 당연히 그렇게 하자고 하지. 아버지가 하라는데 어떻게 하나? 그러면서 했지. 왜 (아버지가 탄광에) 안 내려갔느냐면 자꾸 또 새롭게 큰일을 벌였거든."

아버지가?

"또 자꾸 (사업체를) 차려요 자꾸. 차리면 또 내가 해야 하고, 또 차리면 해야 되고, 사람 보내야 되고."

아버지께서 천부적으로 그런 사업가 기질이 있었던 건가요?

"그건 천부적입니다."

탄광 말고 또 아버지가 차린 것이?

"조선소, 농장, 또 임야에 식목하는 것. 농장 중에서도 농사 짓는 것 말고도 대형 묘포장이 있어서 몇 천만 평에다 나무를 심었으니까. 그 다음에는 해운회사 그리고 또 화학공장."

해운회사나 화학공장은 이름은 무엇이었습니까?

"모두 흥국이에요. 흥국."

흥국해운?
"흥국해운, 흥국화학 비닐공장 뭐 이런. 또 염전도 했고."

조선소는 이름이 뭐였습니까?
"흥국조선. 흥국흥산이라 그랬어요."

흥산?
"그게 일본식 말이거든요. 흥산이란 말이 산업처럼."

조선소는 어디 있었습니까?
"충청남도 제일 끝에 있던 장항. 군산 바로 건너편이고 금 강 하구인데, 실제로 진남포도 아니고 인천은 더군다나 아 니고, 1000톤 넘는 철선이 진수한 곳은 장항이 최초입니다. 우리가 최초로 1000톤 넘는 배를 두 척이나 한꺼번에 진수 했습니다. 그 때 우리나라가 배 짓는 개념이 별로 없을 때 1000톤짜리 컨테이너 전용선을 두 척이나 했죠."

아버지가 그런 사업을 계속 해나가신 것이 아버지 연세 언제쯤이었습니까?

"뭐 끝까지입니다. 상상력이 끝이 없어요. 내가 (사업을 다 정리하고) 돈 다 돌려준 다음엔 아무 것도 안하셨지만, 그 땐 내가 끊임없이 돈을 만들어 내니까 자꾸 하시는 거죠. 벌여놓으면 또 내가 다 막아야 하고…."

그러면 사업을 정리한 73년 이후에는?

"아무 것도 안하셨습니다. (그 이전에도) 이미 아무 것도 안 하는데, 내가 자꾸 막아주니까 자꾸 벌인 거죠. 지나가는 이야기처럼 한마디 하면 덜커덕 벌여놓고….(웃음)"

그러면 이 사업들을 탄광 말고도 조선소, 화학회사 이것을 계속 키워나갔으면 삼성이나 LG처럼 성장했을 수도 있겠네요.

"큰 재벌이죠. 그 정도가 아니고요. 여기만 해도 땅이 30만 평입니다. 그게 평당 100만 원이면 돈이 얼마요?"

**우연한 기회에 아접芽椄 기술을 개발하다**

30만평 그건 농장이었습니까?

"농장이고 산이고 바로 목장입니다. 목장은 아주 중요합니다. 우리가 젖소 목장을 해가지고 400두였던가? 젖만으로 흑자 낸 첫 번째 목장입니다."

젖? 우유?
"새끼 말고 우유만으로도…. 새끼 낳는 것은 순이익이고, 우유만으로도 적자는 아니고 조금 남았어요."

그 목장 이름은 무엇이었습니까?
"그것도 흥국농산인가? 흥국목장인가? 뭐든지 흥국이야."

흥국은 무슨 뜻입니까.
"나 잘 되라는 소리가 그 안에 들어가 있는 겁니다. 내 이름이 현국 아닙니까? 현국이라 흥하라는 뜻에서 아버지가 그렇게 붙인 거죠. 큰 아들 자살하고 나니까 아들놈 또 잘 못될까봐.(웃음)"

묘포장에선 뭘 했나요?
"어느 해부터 농촌에서 밤도 안 따고 잣도 안 딴다는 기사가 나기 시작했죠? 노임이 안 되어 가지고…. 그 말이 바로

우리 회사가 아접芽接·가지 대신 눈을 떼어 접을 붙이는 방법을 개발해서
씨에 눈이 트이자마자 묘목에 접붙이면 그해에 벌써 잣도
맺히고 밤송이도 열립니다. 그게 보급되어서 호두 잣 밤이
많이 열리니까 노임도 안 된다고 안 따기 시작 했습니다.
그게 바로 우리 묘목입니다. 전국에 보급했죠. 그거 3년 지
나면 다 열리는 것들이거든. 우리는 산에서 식량문제 해결
하자는 게 제가 늘 아버지한테 했던 소리거든. 어떻게든 기
본적으로 굶어죽지 않는 것은 산에서 해결해야 한다는 말

이었죠. 그래가지고 아버지가 덜커덕 용인에다 묘포장을 크게 시작한 겁니다."

그걸 어떻게 개발한 건가요?

"간단합니다. 물가에 모래밭 황무지로 되어 있는 땅을 둑을 쳐서 저수지를 막았잖아요. 그걸 사가지고 돼지와 닭을 키우는 겁니다. 여기 양산의 30만 평 우유목장도 마찬가집니다. 여기도 소 키우며 그 똥을 밭에 이리저리 자꾸 퍼주는 겁니다. (묘포장도) 돼지와 닭을 키워가지고 거름을 넣어만 주면 됩니다. 이건 순전히 내 상상력과 아버지 상상력을 합친 건데, 그러면 좋은 땅이 됩니다. 거기다 묘포장을 한 겁니다. 그 땅이 물도 더 잘 빠지고 거름 효과도 좋고 제일 잘됩니다. 거기다 비닐 온실 지어 아접 붙이는 작업 하고, 그렇게 해서 대성공을 했는데요. 그것도 또 우연히 일이 잘 될라 하니까, 농업기사가 대학 나온 엔지니어입니다. 농림부에도 있고 묘목장에도 있었던 사람인데, 부모가 초상이 나가지고 간 나흘인가 닷새 사이에 습기 조절을 안 했던 겁니다. 그래서 큰일 났다며 난리를 치며 문을 열고 보니까 접붙인 것들이 생생하게 살아 있거든? 전혀 배운 것과 다르잖아요. 그래서 저걸 습기를 괜히 뺐구나. 한 번 빼지 말아 봅시다. 생생한데 왜 빼요. 또 닫았어. 그렇게 해서 관찰해보니 85%가 살아. 18%밖에 못 살던 것들이…. 그동안 습기 빼는 건 일본에서 하는 걸 그대로 하고 있었거든요. 그 때까지 일본이 18%밖에 성공을 못했다고 그래요. 일본 놈이 잘못한 거야. 이론에만 따라서 하고 실험은 못한 거야. 우리는 실수로 이걸 알게 됐지. 거의 90%가 살았어. 죽은 것이 없어요. 그래서 그동안 18% 생존 가격으로 되어 있던 묘목 값이 확 떨어진 거지. 이까짓 거 값 싸져봤자 밑질 게 없어. 원래 이익 보려고 한 것도 아니고. 보급하려고 한 거니까."

재미있는 발견이네요. 그 때가 언제쯤이었나요?

"68년, 69년, 70년 그 때 묘목 값 조사해보면 나옵니다. 호두나무만 대성공한 게 아니라 잣도 아접이고 밤도 아접이거든. 우리가 아접 기술을 상업화 한 겁니다. 그래서 그렇게 묘목 값이 싸진 겁니다. 내가 여기 학교에서도 자꾸 (열대 식물에 대한) 내한성 실험을 하려는 이유도 그겁니다. 됩니다. 시간이 걸려서 그렇지. 내 가설이 이겁니다. 쌀을 가지고 북진하고 동진을 했는데, 쌀은 원래 더운 지방에 있는 건데, 그걸 가지고 양자강까지 도착했다가 양자강에서

황하까지 도착하는 데 한 이천년 걸립니다. 실험이란 걸 모르니까. 그래서 BC 3·4000년 전에 황하 강가에 쌀이 나타나고. 그게 국가의 시작입니다."

실제로 채 이사장은 양산 개운중학교와 효암고등학교 교정 곳곳에 열대 식물을 심어 내한성耐寒性, 식물이 추위에 견디며 생존할 수 있는 성질 실험을 하고 있었다. 황실나무, 종려나무, 유자나무, 백년초는 물론 바나나도 있다. 바나나 나무는 탐스런 바나나 열매를 맺었다.

## 번창하던 기업과 부동산을 모두 정리하다

용인과 양산에 있던 묘포장과 농장은 지금 어떻게 됐나요?
"그것도 다 팔아가지고 광부들한테 다 줬죠. 그걸 안 팔고 뒀으면 치사하게 내가 거기에 묶여가지고 또 돈을 벌게 돼요. 놔두면 백 번 이득이 되는 줄 알아도 그냥 팔았어."

아니 그런데, 흥국탄광하고 다른 기업들은 법인이 엄연히 다른데 그런 것까지 다 팔아서?

젊은 시절의
채현국 이사장.

"다르거나 말거나 다 탄광에서 벌어서 나온 건데. 그런 이
치를 따지면 남 못 돌려줘요. 몫도 한 몫만 먹고 두 몫 안
먹는 이유가 그랬어요. 나도 따로 한 몫하고 싶었지만, 그러
다보면 못주게 됩니다. 하하."

조선소나 화학회사나 해운회사 그런 것도 다 그런 식으로 정리하
신 겁니까?

"뭐든지 다 팔았어. 염전이든 뭐든지 다 팔았어요."

그것도 탄광 정리하는 것처럼 거기도 각각 종업원들이 있을 거 아닙니까?

"거기 종업원도 줄 거 다 주고. 사실 (정리하기 위해) 일부러 조금씩 다 줄여온 겁니다. 왜냐면 (박정희 정권이) 위수령 내린 것 때문에 스트라이크 하려고. 그냥 나눠주는 것만 목적이 아니고…. 그 때 상황에서 돈을 더 벌려고 하면 박정희 하고 사실은 동업을 해야 할 판이야. 그런데 내가 가만히 있을 수 있습니까? 그래서 내가 깬 겁니다."

이 대목은 이 정도로 간략하게 정리하려 한다. 쉽게 말하자면 당시 박정희 정권과 유착하지 않으면 더 이상 사업을 계속하기 힘든 상황에 봉착했다는 뜻으로 해석하면 되겠다. 그래서 미련 없이 사업을 접었고, 정리한 재산은 모두 종업원들과 나눴다.

앞서 "한 몫만 먹고 두 몫 안 먹는… 나도 따로 한 몫하고 싶었지만, 그러다보면 못주게 됩니다"라는 말은 자신 몫의 재산을 따로 떼지 않고 모두 아버지 몫으로 드렸다는 뜻이다.

탄광에 가장 종업원이 많을 때 몇 명이나 됐습니까?

"한 2000명? 탄광이 두 군데, 세 군데였거든."

그런데 조선소나 해운회사나 이런 데도 종업원이 많았을 것 아닙니까?
"거기도 넘길 사람을 다 구해가지고 (고용 승계하여) 종업원 다 데리고 일하라고 줬습니다. 종업원한테 대접할 것 다 하고 (회사) 끌고 가라고 했죠. 상무한테….."

그렇게 다 정리하고 나니, 이사장님 몫으로는 전혀?
"아무 것도 없지. 아버지 줘버렸으니까. 서庶동생들하고 살아야 하니까. 내 몫이라 하고 다 줬으니까."

그런데 그렇게 잘나가던 흥국탄광, 흥국흥산, 흥국화학 같은 큰 기업이 어느 날 없어졌는데, 그걸 주목해서 어떻게 된 일이냐고 보도하는 언론은 없었나요?
"정리하는데 한두 달 걸렸지. 소리 소문 없이 그냥. 남들은 내가 부잣집 아들이라서 친구 잘 못 사겨 망했는가 보다, 이런 정도로 생각하겠지."

그 당시엔 망했나보다 정도?

"그 정도로 생각하겠지. 나눠준 줄은 잘 모르지. 사실 나 눠준 게 아니라 주인한테 돌려준 거니까. 나눠줬다 말도 안 하니까."

그때 그렇게 정리하자고 했을 때 아버지 채기엽 선생은 뭐라고 하셨나요?
"아버지는 내가 못하겠다는데 어떻게 해요? 내가 안 할랍 니다 하는데 더 할 말이 없지."


## 홍국탄광과 박윤배, 그리고 수많은 친구들

근데 탄광에서 도계광업소장을 박윤배 씨가 오랫동안 하셨죠?
"뭐 오래했죠. 그럼요. 그 중간에 (학교 다닐 때) 우리 선생 님 했던 양반이 못 먹고 살아가지고 탄광에 가 계시라고 했거든. 밥만 자시라고 보냈는데, (박윤배가 그 선생님을 보니) 자기도 제자거든. 선생님이 (탄광에) 오니까 선생님께 소장을 하시라고 한 거야. '제가 이렇게 말하면 생각해 보 겠다 하고, 제가 또 이렇다고 보고하면, 아이고 고맙다고 잘됐다고 그렇게만 하시면 됩니다.' 이러면서 소장 자리를 선생님에게 준 거야. 그래서 한동안은 박윤배가 소장이 아닌 것처럼 됐지만 실제로는 박윤배가 소장이야. 오래한 거지."

박윤배 소장도 이사장님이 처음 탄광에 합류하던 62년부터 하신 겁니까?
"아니요. 좀 늦게 내려갔습니다. 66년? 65년쯤부터…. 가서 얼마 안 있어서 소장을 했죠."

정리할 때까지 같이 계셨습니까?
"그럼요. 끝까지 같이 있었지. 그 친구가 돈 벌어주는 주역을 했는데…."

당시 탄광에 시국사건으로 숨어든 사람도 많았다면서요?
"난 안 물어봤어요. 내가 이름을 몰라야 안 불지. 그래서 그랬어요. 나에게 이름 말하지 마라. 이 다음에 내가 이름 불었다고 후회할 놈은 아예 이름 말하지 마라. 나 알면 분다 그랬지. 김정남이 알죠? 김영삼 밑에서 민정수석한 정남이를 정남인줄 몰랐어요. 박정희가 총 맞아 죽은 다음에 김정남인줄 알았어요."

나중에 알았네요?

"후배고, 얼굴은 잘 알죠. 이름은 몰라요. 이름 몰라야 못 붙지. 이름 알면 어떻게 안 불어. 그건 거짓말이에요. 맞아 죽더라도 모르니까 못 부는 거지.(웃음)"

탄광에 직접 와서 취직을 하거나 탄광에 있었던 사람도 좀 있었다면서요?

"좀 아니고 여러 놈."

혹시 그때, 탄광에 와 있었던 사람들이 어떤 사람들입니까?

"나중에 이것저것 한 놈들 많죠. 가령 손학규만 해도 지 친구들을 우리 탄광에 보내요. 나하고는 만난 적이 없고…. 그래서 지금도 손학규는 내가 홍국탄광 주인인지 모를 지도 몰라요. 딴 사람으로 알고 있을 수 있고…."

그럴 수도 있겠네요.

"장일순 하고도 그렇게 만나도 내가 홍국탄광 주인입니다라고 말한 적은 없으니까."

장 누구요?

"무위당 장일순."

찾아보니 장일순張壹淳, 1928-1994년은 사회운동가이며 한살림 운동을 창시한 생명운동가였다.

손학규가 직접 온 건 아니고, 손학규 친구를 탄광에 보냈다고요?
"지 동창들, 지 친구들하고. 박윤배가 경기고 출신이고 이종찬이 경기고 아닙니까. 손학규도 거기 출신이고 그러니까 그리로 자꾸 보내요."

박윤배를 통해서?
"박윤배도 안 통해요. 그냥 오면 이선휘라고 우리 노무과장이 있었어. 나하고 초등학교 중학교 고등학교까지 함께 나온…. 그 새끼한테 오면 (누가 왔는지 그런 건) 안 물어봐 물어보면 골 아프니까."

그 노무과장을 통해서?
"노무과장을 통해서 그냥 들어오니까. 노무과장이 사람 뽑는 사람 아닙니까."

그런데 임재경 선생이 쓴 글을 보니까 70년대 말에 박윤배와 종로 1가에서 흥국통상이라는 무역회사를 운영했다고 하던데….

"어 했지. 그게 가만히 엎드려 있다가 3년 4년 지나고 가만히 있던 중 내가 또 돈을 어디 감춰둔 걸로 알고, 다 먹고 살라고 준 건데, 이것들 세 개가 모여가지고 날 또 회장해 달라고 합니다. 회사 셋이 뭉쳐가지고…. 화학회사 하나, 탄광 하나, 무역회사 하나, 이 세 개가 한데 합쳐서 날 또 회장하라고. 나 돈 없다 임마! 너희들이 해결해라고 했지만, 이제 병이 좀 나았으니…."

그때 무슨 병을?

"아주 허리가 꼬부라질 만큼 위궤양을 심하게 앓았어요. 그래서 사진을 찍어보니 폐에 이만한 게 두 개나 있대요. 난 남도 다 그렇게 괴로운 줄 알았지. 폐결핵을 그렇게 오래 앓았으니까 밤낮 진땀나고 미열 나고, 죽을 지경인데. 난 실제 남도 그냥 일 좀 하면 그렇게 괴로운 줄 알았습니다. 폐결핵 때문인지 모르고. 그러니까 밤낮 골골했죠. 남도 그런 줄 알고 일한 거예요. 그것도 어떻게 또 안 죽고 나았어요. 위궤양 때문에 알았어요. 약도 안 먹었는데 잘 나았어. 이런 사람은 나중에 늙어 죽을 때 또 폐결핵이 생길 수 있다고 하거든요."

어쨌든 그 세 개 회사를 통합해서….

"통합해가지고 또 내가 회장이야. 화학, 탄광, 돈 주고도 또
광업권도 줘서 너희들 해 먹고 살아라 했는데. 거기 인수
한 회사에 간부들이 있기 싫어하니까. 내가 심지어 거기 소
장으로도 가줬는데?"

아, 전에 흥국탄광에 있던 간부들이 또 탄광을 새로 설립해가지
고?
"예 탄광에 있던."

그래가지고 흥국통상을 76년 정도에 설립했겠네요?
"그렇죠. 75년인가 76년인가? 회사는 다 그전에 있던 건데,
세 개를 합쳐가지고."

그게 종로1가에 있었습니까?
"예예. 그니까 임재경이는 유학댕기고 영국도 댕기고 그래
가지고 그런 과정을 잘 모릅니다. 우리는 지나간 거 얘기
잘 안하니까. 전부 그게 뭐 군사독재 미워가지고 한 일들

이 있어서 쓸데없는 소리 하면 안 되니까."

그건 언제까지 운영하셨습니까, 흥국통상은?
"그게 또 내가 병이 났어요. 79년까지 가는가 그래요. 병이
나가지고 100% 다 물려줘버리고."

누구한테?
"아까 노무과장했던 친구. 말만 노무과장이지 초등학교 중
학교 고등학교 대학 다 동기입니다."

임재경 선생이 쓴 글에 보니까 이계익, 이종구, 황명걸 같은 해직
기자들한테 이사장님이 술을 자주 사주고 했다던데….
"술 좋아하고 친구 좋아하니까.(웃음)"

실제 언론인 임재경은 2008년 〈한겨레〉에 쓴 글에서 당시
상황을 이렇게 말했다.

"(긴급조치 말기) '창비' 말고 근방에 내가 자주 들르던 곳
은 종로 1가에 무역회사(흥국통상)를 차린 '파격' 채현국-'호
협' 박윤배의 사무실. 두 사람은 오랜 친구 셋, 이계익(동아

일보 해직, 교통부장관 역임), 이종구(조선일보 해직, 무역
협회 상임이사 역임), 황명걸(동아일보 해직, 시인)의 딱한
사정을 잘 아는 터라 해직 기자라면 누굴 만나도 으레 밥
과 술을 사주었다. '동아' 해직 기자 양한수는 몇 해, '조선'
해직 기자 문창석은 몇 달 그 무역회사에서 일도 했다."

임재경의 글에는 〈창작과 비평〉을 도운 일이나 친구들에게
집을 사줬다는 이야기도 나온다.

"빼놓을 수 없는 사람이 대학 시절부터 지금까지 반세기 이
상 가깝게 지내는 채현국(효암학원 이사장). 백낙청이 미
국에 가 있을 때 〈창작과 비평〉의 제작비는 발행을 맡았던
신동문(시인·전 신구문화사 상무·작고)이 꾸렸으나 편집
책 염무웅은 원고료를 조변할 방법이 막막하여 자주 채현
국을 찾아가 급한 불을 껐다. 채현국은 김상기와 서울대학
철학과 동기이며 한때 문학과 연극에 뜻을 두어 공채 1기
로 KBS에 입사할 만큼 예능 열정이 대단했다. 그러나 부친
(채기엽·홍국탄광 창설자)을 돕기 위해 사업에서 발을 뺄
수가 없었던 것이다.
가정 연료의 주종이 연탄이었던 60년대에 채기엽-채현국

부자의 탄광은 개인 소득세 납부액이 전국에서 열 손가락
에 들 정도로 커졌다. 그는 맘에 맞는 친구들에게 밥과 술
을 사주며 헤어질 때 차비를 쥐어주는 데 그치지 않고 셋
방살이를 하는 친구들에게는 조그마한 집을 한 채씩 사주
는 파격의 인간이다. 모두 어려운 시절의 미담이므로 나는
주저하지 않고 채현국의 도움으로 내 집을 처음 마련한 언
론 종사자 넷의 이름을 들겠다. 황명걸(〈동아〉 해직기자·시

인), 이계익(〈동아〉 해직기자·전 교통부장관), 한남철(소설
가·전 〈월간중앙〉 기자·작고), 이종구(〈조선〉 해직)가 곧
그들이다. 여기서 이름을 밝히지는 않겠으나 흥국탄광에서
일했던 친구들 중 집 장만 하는데 채현국의 신세를 진 사
람은 숫자가 훨씬 여럿이다. 남 집 사주는 이야기를 하다
빠뜨릴 뻔했는데 집은 아니더라도 부지기수로 채현국의 신
세를 진 사람이 바로 나다."

흥국탄광을 운영하고 있을 때 입니까?
"예. 다 그때 일이지요. 그런데 (임재경이가) 리영희도 같이
술 먹은 건 빼놨네. 남이 뭐라 할까봐 자기 친구만 적은 거
야. 허허허."

그리고 집 사준 사람이 황명걸, 그리고….
"(정색을 하며) 그건 쓰면 안 돼."

이건 임재경 선생이 다 써놓은 겁니다.
"그래도 쓰면 안 돼. 남이 헛소리 한 건 어쩔 수 없지만 또
나오면 안 돼."

그리고 백낙청 씨가 미국에 가 있을 때 가 있는 동안, 창작과 비평 제작비를 이사장님 신세를 많이 졌다고 하던데?

"그런 말도 나가면 안 돼."

이후 1988년 박윤배 씨가 돌아가시고, 아버지도 88년 그해 3월에 돌아가시고….

"희한하게 우리 아버지 돌아가시자마자 그해 (박윤배가) 죽었다고…."

선친 묘소는 서울에 어머니하고 같이 모셨습니까?

"그럼요. 거기 비석에 내 서庶동생들 이름 다 넣어줬지."

## 대학 동기생에게 청혼 "나에게 시집 오이소"

이사장님은 사모님(윤병희 경상대학교 심리학과 명예교수)과 어떻게 만나 결혼하게 됐습니까?

"동기생인데 뭘."

서울대 철학과?

"심리학과. 그런데 왜 정 때는 서로 같은 과입니다."

그럼 대학에서 서로 캠퍼스 커플이셨네요.

"대학에서 알아가지고 시집오라고 했지. 나 장가가야 하니
까 시집 좀 오이소 했지. 지금 귀싸대기 때려도 할 수 없지
만 나 장가가야 합니다 그랬어.(웃음) 연애도 안하고 서로
알기만 아는데, 내가 장가갈 판이 돼 가지고…. 장가 안 갈
까봐 아버지가…."

몇 살 때였나요?

"마누라는 대학원 들어가고, 난 졸업하기 전이었죠. 장가가
야 한다는 소리는 벌써 나왔죠. 자꾸 (아버지가) 선보라 하
고 그래가지고…. 실제 결혼식보다 근 1년 전에 시집 좀 와
주소 나 장가가야 하니까, 말을 그렇게 했지 뭐."

하하하. 그러니 어떻게 하시던가요?

"그것도 일이라는 게…. 아침부터 우리 마누라 될 사람 찾
으려고 어디 있나 싶어서 일부러 문간(대학 정문) 근처에서
내내 보고 있는데 들어가는 걸 못 봤어요. 그리고 낮에도
심리학과 강의실 쪽에 안 보여. 오후가 되어서도 안 보여.

그래서 네 시 다섯 시 됐는데 벌써 문간 밖으로 나갔어."

정문 밖으로 나갈 때 봤나요?

"우리 대학에 개울이 있고 다리가 있었어요. 보니까 다리 건너서 벌써 나가고 있어. 쫓아 나갔지. 에이~, 긴요한 말을 해야 하는데 쫓아갔으니까 꼬라지가 아주 잘못됐지. '죄송합니다, 내가 뛰어 와서, 엉뚱한 이야기가 되어서 귀싸대기 때려도 내 할 수 없이 바삐 얘기해야 합니다.' 그 이유가 있었어요. 아버지가 그때 올라오고 있었어요. 선보라고 온다는 말 듣고 여자친구 있다는 말을 해야 하니까. 그러니까 (그녀에게) 이 말을 해야 아버지에게 거짓말 아닌 거짓말을 할 수 있는 거지. 그래서 나가서 그 말을 한 겁니다. (내 말을 듣더니) 아무 말도 못하고 있기에 '아 죄송합니다. 가던 길 가시라'고."

당황했겠죠?

"당황하고말고. 난데없이 겨우 인사나 있는 정도지 말도 별로 한 처지가 아닌데. 단지 내가 믿고 그런 말 한 이유는 친구와 함께였던가? 자기 친구 집에 같이 간 적이 있어요. 그 친구가 이계익(전 교통부 장관, 동아일보 해직기자) 마누랍니다. 내가 좀 해달라고 해서 중신해줬으니까."

그렇게 결혼 하자고 얘길 하고 그 이후에….

"그러니까 내 처남이 생물학과였는데 나보다 2년 위야. 이순재하고 서울고등학교 동기야. 그기 순재한테 물어봤더라도 그 말은 안 갔을 건데, 다른 놈한테 (채현국에 대해) 물어본 거야. 그놈이 깡패라고 말한 거지. 그놈이 학생회장할 때 내가 입학했는데 신입생 환영회 때 나에게 혼났거든. 학생회장이니까 뭐 그럴 수도 있지만 '술 좀 적게 먹어 달라'고 하는 거야. 그 때까진 그런가보다 했지. 두 번 또 그래. 철학과 맞나? 저 자식 바보 아니야? 세 번째 또 그래. 술좀 적게 먹으라고. 그래서 반말로 '돈 자기가 낼 거야? 왜 그래? 좀 노는 판에 더 먹기도 하고 덜 먹기도 하고 그런 거지. 토하더라도 먹어라 ××'."

뭐라고요?

"토하더라도 먹으라고. 그리고 내가 막 먹기 시작했어. 그러니까 깡패지. 1학년 막 들어온 자식이 토하더라도 먹으라고 반말하며 소주 막 먹으니 아주 깡패로 본 거야. 사실 깡패 맞지. 그만하면.(웃음) 서울대학에서. 처남도 또 등신이지. 친구가 깡패라 하면 '왜 깡팬데?'라고 물어야 할 것 아니야? 그런데 장인에게 그냥 그렇게 전한 거야."

그 말을 들은 장인은?

"큰 아들놈이 깡패래요 하니까 가만히 있다가 '서울대학에도 깡패가 있냐?'라고 물은 거야. 우리 마누라 될 사람은 깡패라니까 암말도 못하고…. 왜냐면 자기 친구도 '그 사람이 깡패라는데' 하는 소리를 들었대. 들었는데 철학과 오빠 친구까지 그랬다 하니까 진짜 깡패인가보다 했겠지. 그런데 아버지가 외려 '서울대에 깡패가 있냐?' 하니까 처남도 아무 말도 못하고…. 그러니까 내가 머리는 빡빡 깎았지, 바지는 찢어졌지, 군사훈련복 그것도 고등학교 훈련복 입고 다니고, 천상 거지 아니면 불량 노숙자 비슷한 거지."

빡빡 깎고 다녔습니까? 머리를? 왜요?

"기분이 더러워 가지고. 일부러 실제 미국에서 히피라는 게 나오기도 전에 나는 55년 56년에 이미 히피입니다. 땅굴방에서 자고, 밤새도록 거기서 책 읽고…."

어디서 자고요?

"땅굴방, 연탄 공장에 있는 땅굴방. 연탄불도 안 때는 곳에서 자고. 저쪽 건너편에 우리 연탄공장 한구석에 거지들, 쓰레기 모으는 청소년들도 있고 노인들도 있고…. 경찰이 범죄자가 필요하면 거기 와서 하나씩 잡아갑니다. 도둑질했다 해라 하고, 또 내보내주고…. 어차피 쓰레기 줍는 사람들이 잘 훔치기도 하니까. 어떤 사람은 알고 봤더니 고정간첩이라고. 그 후에 딴 데 가서 살다가 신문에 대문짝만하게 납니다. 끈 떨어진 고정간첩이지. 그것도 또 잡았다고 지랄하고…."

그 사람이 어디서 잤다고요?
"우리가 그 연탄공장을 인수하기 전에 이미 거기 붙어있던 쓰레기 오야붕이라."

쓰레기 줍는 아이들이나 그런 사람들이 그런 방에서, 인근에서 잤습니까?
"인근이 아니고, 한 울타리 천막 안에…."

그럼 그 사람들도 아버지가 넣어 준 겁니까?
"인수하기 전부터 있는 것을 내쫓지 않은 거죠."

## 이<sup>齒</sup>가 없어도 임플란트를 하지 않는 까닭

73년에 탄광하고 사업을 정리하고 79년 정도까지 친구들 강권에
못 이겨서 또 흥국통상을 하다가 넘겨주고 나온 뒤로는 아무런 사
업을 하지 않고 지금까지 온 겁니까?

"그럼요. 그때는 할 수 없이…. 그런데 내가 병이 났어요."

그 때도 위궤양이었나요?

"위궤양이 나았다고 하는데 미열이 또 나더라고요. 내가 감기, 독감을 굉장히 잘 앓습니다. 친구 의사는 심지어 장질부사 같은 병으로도 의심을 해요. 그렇게 열병이 잘나고 하니까. 잇몸도 나쁘답니다. 축농증도 잘 생기고…. 35살에 당뇨란 소리가 나오면서 그 때 이가 다 빠졌습니다."

그러면 아무래도 음식을 씹고 하는 데 불편하지 않나요?

"그만 처먹으라고 이 빠진 건데 그걸 또 해 넣을 겁니까? 그렇지 않아요? 당뇨라는 게 많이 먹어서 나는 병인데…. 이를 안 해 넣었기 때문에 적게 먹어서 내가 이렇게까지 살아있는 겁니다. 이를 해 넣었으면 훨씬 빨리 죽었습니다. 아무래도 잇몸으로 먹으니까 불편할 거 아닙니까. 그래도 이렇게 배 나오고 했는데. 허허허,"

혹 노무현 대통령과는 인연이 좀 있습니까?

"우리 이내길 교장이라고, 간디학교 교장 하고 여기 11년 동안 교장 했던 사람 있습니다. 그 이내길 교장이 노무현 떨어진 뒤 사기양양하자고 모이는 자리에 가자고 해. 가서 딱 보니까 아, 이거 대통령 해보자는 소리 하려고 모였다는 걸 딱 알겠어. 기왕 떨어진 것 나가보자 하는 판이라. 내가 그랬지. '그 골 아픈 대통령 뭐 하려고 할라 카요.' 사기앙 양하려고 모인 자리에서 그랬어. 사회운동가로나 그냥 하지. 거기 모인 아이들은 결국은 출세주의자들이고 결국은 권력추구주의자에 지나지 않는 아이들인데, 입으론 사회운 동가라고 떠들지만 내가 4·19나 해방공간에서부터 인간들 변하는 걸 봤거든, 진심으로 사회운동가로 나선 사람들은 실천이 다릅니다. 학교나 댕기고 선거운동판에 끼는 놈은, 지는 절대로 그렇게 인정 안 해도 자기합리화지 결국은 권 력추구 내지는 출세주의자에 지나지 않는 거거든."

그 후 노 대통령과 직접 인연이 이어졌나요?

"난 그런 데(선거판, 정치판) 안 간다니까. 나는 친구가 해 도 안 가요. 고형곤 선생 아들이 고건이라고 총리했습니다. 또 대학동기생으로 곧잘 친한 서울대 총장했던 이수성도 총리했는데 근처에도 안 가요. 그 자리에 있을 땐 전화 한 통화도 안 했어요."

어쨌든 앞의 이명박 정부라든지 박근혜 정부보다는 나름대로 민 주정부였다는 것은.

"아, 그럼요. 그런데 권력을 이해하지 못하는 사람들이, 이해가 아니라 정말 권력은 호랑이보다 더 무서운 겁니다."

지금까지 이렇게 살아오시면서 후회스러운 일은 없습니까?

"어떻게 없겠소. 후회할 일이야 해야 할 일, 안한 일 천지지. 비틀거리고 산 것이지. 쉽게 이야기해서 나이 육십 대여섯 되어서 사명감 상관없어지게 되니까 그 빌어먹을 어느 놈이 명령한 것도 아니고 빚진 것도 아닌데 왜 그놈의 사명감 때문에 살아온 게 왜 그 모양인지, 제일 후회스러운 게 사명감이에요. 그냥 솔직한, 순박한 마음으로 한 게 아니라 그래도 배운 놈으로 나라 덕으로 학교도 많이 다니고 했으니 해야지 왜 이 따위 마음이 드는 거요 인간이. 거 좀 잘 먹고 잘 살면 잘 먹고 잘 살아서 고맙다 생각하면 될 건데, 잘 먹고 잘 사는 새끼가 이럴 수는 없지 싶은 게, 인생이라는 게 잘하는 일이 하나면 못하는 일은 아흔아홉 가지인데, 밤낮 비틀거리고 사는데, 술 먹기 좋아하고 친구들 좋아하고 개소리는 밤낮 하고, 큰 소리 친 죄로라도 해야지 이런 마음이 자꾸 드니까."

그런데 그런 사명감의 족쇄에 사로잡혀 있었던 게 언제까지였습니까?

"그게 이상하게 어릴 때부터 그런 마음이 자꾸 들어가지고 결국 육십 한 서너 살까지는 영 이게 이제 늙었는데 그만 해야지 그만 해야지 하면서도, 연대도 벌써 그 때면 구십 몇 년 아닙니까. 김영삼이 때 전에는 여기(효암학원) 급료 보조도 안 받았습니다. 돈도 없는데, 돈 다 주고 돈이 없는데 아주 죽을 고생했습니다."

## 효암학원에는 전교조 해직교사가 없었다

이사장님이 취임한 88년 이전까지는 이 학교 운영에 전혀 관여를 하지 않으셨습니까?

"근처에 오지도 않았다니까."

88년도에 이사장으로 취임하시고 89년도에 당장 전교조가 결성 되었잖아요. 그 당시 문교부에서 전교조 가입 교사들을 해직시키라고 했잖아요. 심지어 사립학교까지 지침을 보냈잖습니까?

"그럼요."

그런데 그 때 어떻게 대응했습니까?

"간단하죠. 몇 년 뒤 시국선언에 참여한 선생들을 해직시키라는 압력이 있었는데, 내가 미리 그쪽 선생들한테 너희는 체면이 깎일 테니까 내가 마음대로 전교조 탈퇴서를 냈다고 내가 보고할게. 학교에서 그렇게 보내놓으면 위조니까 이 다음에 소송하면 당연히 위조로 나만 걸린다. 걱정하지 마라. 하여튼 내가 탈퇴서는 보낸다. 그리 알고 있거라. 날 감옥 안 가게 하려면 너희가 탈퇴서 내주면 좋고 나는 무조건 너희 해임은 안 할 거고 탈퇴서 낼 거다."

당시 전교조 조합원이 몇 명이나 되었습니까?

"우선 둘이야. 딴 것은 중요하지 않고 하자고 주동한 게 두 명이야. 자존심이나 그런 게 있으면 안 내도 돼. 내가 마음대로 탈퇴서를 전교조에 보내고 문교부 보고를 할 테니. 단 문교부에 보고는 질질 끌다가 보낼 거다. 그것도 (정부) 애먹이는 것 아니가."

해직 대상이 두 명밖에 없었다는 말이죠? 실제 전교조 조합원은 몇 명이나 되었나요?

"더 있었지. 정부가 해직시키라고 한 주모자가 두 명이었다는 거지. 그 중에 하나가 여태전이라고 태봉고 교장하다가 남해로 간 그 선생이고, 하나는 박계혜라고."

여태전[1961~] 전 태봉고등학교 교장은 2013년 임기를 마치고 현재 남해 상주중학교 교장으로 있다. 태봉고를 공립대안학교로 기틀을 잡았고, 상주중학교 또한 대안교육 특성화학교로 탈바꿈시키는 한편 상주면을 교육마을로 만들기 위해 노력하고 있다.

여태전 선생을 그 때 이사장님이 이 학교로 부르신 겁니까?
"여기 서무과로 들어와 가지고 있다가 박사학위도 하고 뭐 그랬지. 박노정이라고 진주에 있는 그 친구가 추천한 거예요. 이내길 교장도 박노정이한테 물어보니까. 친해요. 노정이와."

박노정 시인과는 어떻게 알게 된 겁니까?
"길바닥에서 알았지."

박노정[1950~] 시인은 진주 출신으로 시집 〈바람도 한참은 바람난 바람이 되어〉, 〈늪이고 노래며 사랑이던〉, 〈눈물공양〉

등을 냈다. 진주신문 발행인과 진주문인협회 회장 등을 지냈다. 시민운동가로도 다방면에 활동했다.

어떻게요?

"진주에 다방이 있는데, 아란야인가 되어 있어. 어느 놈이 불교깨나 아는 놈인갑다 하고 그 다방에 들어갔어. 그 때 박노정이가 마침 장가 가서 마누라하고 찻집을 차렸는데 거길 들어간 거야. 난 그걸 거꾸로 웬 떠꺼머리 총각놈이 여자 하나 꼬실라고 다방 차렸는 줄 알았어. 그런데 막 결혼한 내외간이야. 금방 그렇게 해서 친해졌어."

## 리영희·임재경과 친하지만 언론인은 쓰레기다

임재경 선생은 어떻게 알게 됐습니까?

"대학교에서 친해졌는데, 사실은 이 사람이 군산고등학교에서 서울대 가는 대표선수로 서울 가서 학원 다녀라 이렇게 된 거에요. 그래서 서울에 올라왔는데 학원 옆에 우리 연탄공장이 있었던 거야. 그 때 내가 학교도 못 가고 연탄난로 옆에서 책을 보고 앉아 있더래. 지는 서울대학 가려고 학원까지 얻어 다니는데 저놈은 학교도 못가고 연탄공장에 앉아 있으니 마음에 안 됐던 거라. 나는 몰랐지. 바깥에 지나가는 놈을 알 리가 없지. 그런데 그놈이 보기에 오늘도 앉아 있고 내일도 앉아 있고 하니까. 그런데 어느 날 웬 놈이 (도서관에서) 같은 책을 찾더래. 그게 버나드 쇼의 맨 앤드 슈퍼맨이란 짧은 극본이었는데, 그 책이 혹시 있느냐고 재경이도 물어봤대. 그런데 없다고 해서 다른 책을 보고 있는데 금방 웬 놈이 들어오더니 같은 책을 물어보더라는 거야. 그래서 누군지 봤더니 연탄공장에 앉아서 학교도 못 가고 있던 놈인 거라. 나는 그 때까지도 전혀 몰랐지. 그런데 나중 대학에 붙어서 갔더니 노교수가, 어린 교수도 아닌 40대 중반 내지 50은 되었을 교수가 '나 당신 안다'고 그래. 아이구 죄송합니다. 제가 못 알아뵈어서 했는데, 아니 아니, 그 연탄공장 맞잖아 그래. 그러면서 나 학생이오 그러는 거야. 완전히 늙은 교수로 보이는데. 그리고 보니 옷이 좀 남루해. 문리대는 남루한 교수도 있나 보다 했더니 영문과 학생이라."

나이가 들어 보이는 인상인가 보죠?

"왕창 들어 보여요. 우리가 어떤 장난까지 했냐면 아버지

에게 돈 얻어내려고 교수님 대접해야 한다고,(웃음) 거기서
이 놈은 가만히 있으면 돼. 그렇게 돈 얻어 나와 같이 술
먹고.(웃음) 그런 장난이 가능했으니까. 누가 봐도 교수지."

나이는 같습니까?
"나보다 한 살 적어. 학년은 한 살 위고."

그 분은 처음부터 기자 지망생이었나요?
"아주 얌전하고 성실한 사람인데, 불문과 가려고 마음먹었
던 문학청년이야. 그런데 엄마가 거기 가면 취직도 안 되고
출세도 못하고 밥 못 먹는다고 영문과 가라고 해서 할 수
없이 영문과를 간 거야. 이게 또 사명감과 관계가 있어. 결
국 붙어먹고 얻어먹고 출세해먹으려고 엄마 핑계대고 못이
기는 체 하고 슬그머니 영문과로 갔으니, 그게 화가 난 거
야. 자기 배반한 거거든. 그 길로 술만 처먹고 있는 새끼를
이런 개귀신이 하나 들어가니까 잘 됐지. 만나자 마자 술만
퍼먹고 개소리하고 욕하고 악동노릇은 완전 단짝패지 뭐.
나는 이미 연탄공장에서 아이스크림 장사까지 했던 인간이
라 어디 가서 돈 좀 못 뜯겠어. 어디 가서 외상 못하고? 매
일 술 퍼먹는 거지 뭐."

그래서 임재경 선생이 돈을 벌거나 출세하는 쪽으로 안 가고 글 쓰는 언론 쪽으로?

"그럼. 처음 시험 치기를 조선일보로. 그런데 저게 문학 공부만 했지 경제학 공부는 안 했는데 하필 경제부 기자야. 영문과 나왔답시고. 영어로 읽어야 하는 자료 천지니까 그때는. 그래갖고 할 수 없이 경제학 공부를 시작한 거야. 남들은 경제부 기자로 촌지 많이 생기는 데로 다녔다고 알지만, 임재경이 이야기는 나밖에 잘 모르는데, 출입처 두 군데에서나 촌지 받지 말아라 나 이거 기사 쓴다고 먼저 선언을 했어요. 간사한테. 그런데 임재경이가 안 받으니 사장, 편집국장, 경제부장, 편집부장에게 갖다 주고 했죠. 그러니 기사를 써도 안 나가죠."

그랬는데 출입처에서 기자는 제쳐놓고 사장, 편집국장, 부장 갖다 주니 기자는 바보돼버린 거네요.

"바보 정도가 아니고 저 놈 언제고 쫓겨날 거라고 다 알죠. 상공부나 경제기획원 다 돈이 클 때 아닙니까? 그래서 기자들 사이에서는 임재경이를 뇌물 많이 먹은 놈으로 소문을 내야 자기들이 마음이 편한 겁니다. 그 새끼도 받을 건 다 받은 새끼가. 뭐 이러면서 은연중에 소문을 내는 거야.

신문사 쫓겨나고 난 후에 마누라가 미장원 해서 먹고 살았
어요."

언론인 중에서 임재경 선생도 있고, 리영희 선생도 있고, 성유보
도 있고 여러 분들이 계신데, 이사장님이 최고의 언론인이라고 생
각하는 분은 누군가요?

"나는 첫째 언론인 된 놈들은 전부 다 쓰레기다. 지 똑똑하
고 지 잘하는 걸로 먹고 살겠다는 거지. 그렇다면 믿지는
데로 가서 살아야지. 지 잘하는 걸로 먹고 산다니 그 판이
어떤 판인데. 언론사 사장부터 죽일래? 살인범 할래? 그들

이 사실은 자유당 때 기자로 갑니다. 자유당 때가 어떨 땐데 어딜 언론기관엘 가?"

그래도 그 분들이 그런 언론계에서 '엇질'로 나가서 그만큼 했기 때문에 우리사회가 이만큼이라도 된 것 아닙니까?
"아니죠. 한 놈도 안 그랬으면 폭동이 났을 것 아닙니까? 그런 사람들이 안전판이 된 겁니다. 가스, 김을 뺍니다. 터질 압력을 빼주거든. 이렇게 내가 악질입니다.(웃음) 지는 안 해놓고 지가 욕하는 악질. 너희가 안전판이 됐다는 걸 내가 아니라 너희가 얘길 해야 해. 폭발할 것을 너희 때문에 폭발 안 했다는 책임도 있다고. 임재경, 리영희하고도 그렇게 친한데 내가 이렇게 악질입니다."

리영희 선생님은 나이가 위였죠?
"한참 많죠. 열 살인가 여덟 살인가 많은데. 그런데 선생님 선생님 하다가도 술 취하면 욕하는 사이였지.(웃음)"

하하하.(함께 웃음)
"내가 리영희 선생을 제일 좋아하는 이유는 똑똑해서가 아닙니다. 순박하고 정이 많아서지."

3부
비틀거리며 왔지만 그래도 수지맞은 삶

## 신용불량자로 살아도 불편하지 않다

남은 인생에서 꼭 해보고 싶은 게 있나요?

"좀 덜 치사하고, 덜 비겁하고, 정말 남 기죽이거나 남 깔아뭉개는 짓 안 하고, 남 해코지 안 하고…. 그것만 하고 살아도 인생은 살 만 하지."

그런 너무 소박한데요?

"아뇨. 당연하죠. 나는 여기서도 아이들 하고 노는 게 좋

고, 젊은 사람이 같이 붙어(어울려)주는 것만 해도 고맙지."

지금 신용불량자라고 들었는데, 그건 왜 그런가요? 보증을 잘못
서줬다든지 그런 건가요?

"보증 서 가지고…. 내가 회사를 주면서 사실은 주식까지
다 줬어. 남들은 모르지. 앞서 다른 회사 나눠줬듯이…. 내
가 아파서 더 이상 도저히 못할 상황에서 누가 사장 할래
물었지. 전부 안 한다고 그래. 안 할 것 같은 놈부터 물었
으니까. 마지막으로 하겠다 싶은 놈에게 물었더니 아니나
다를까 한다고 하데? 이게 초등학교부터 중학교, 고등학교
동창이었던 우리 노무과장 하던 친구야. 이 놈을 내가 잘
아니까, 할 놈이야. 주식 준다고 했으면 처음 물었던 놈부
터 한다고 했겠지. 고생만 할 줄 알고 전부 안 한다 하는
걸 이놈은 한다고 한 거야. 그놈도 주식 준다는 건 꿈도 안
꿨어. 그렇게 한다고 하기에 주식 100% 주고, 사실은 공로
주식을 이미 15%, 5%, 3% 이렇게 줘서 내가 줄 수 없는 지
분이 있었거든. 그것도 지분 갖고 있는 친구들에게 '소유권
은 그대로 너희가 갖고 있되 결의권은 양도해'라고 했지. 이
건 법률문제가 아니라 내가 만든 개념이야."

결의권은 누구에게?

"지금 사장 할 놈한테."

아, 그렇군요.

"작은 회사라도 사장이 감옥 갈 일을 열 개도 결정하고 스무 개도 결정해야 하는데, 그 결의권을 사장에게 100% 줘야 한다는 거지. 그렇게 해서 내가 가진 주식 전부와 사장 자리 다 넘겨줬는데 이놈이 나를 이사만 면하게 하고 이사장은 남겨놓은 거야. 대표이사 권한이 아직까지 나에게 있는 것처럼. 그러니까 변호사나 법정에서는 내가 또 돈을 감춰두고 있는 듯이 물고 늘어지는 거야. 그런데 그놈이 법과대학 나왔는데 그렇게 부실한 놈이야. 그놈 마음속에는 내가 남아 있기를 바랐을 수도 있어. 은행에서 내 이름 있으면 잘 꾸어주니까. 내 사인도 안 받고 돈을 막 꾸어줬어요. 그런데 부도가 나서 이놈이 도망을 갔어. 그래서 가보니까 내 이름은 있는데 내 사인도 없이 융자를 해줬으니까 이 사람들 다 서류 미비에 부정대출로 감옥 가야돼."

그게 80년대였겠네요?

"음, 그게 박정희 총 맞아 죽고 난 뒤였으니까 79년이나 80

년 그렇게 되었겠네요. 박정희 총 맞아 죽는 그해 융자가 나갈 걸 안 해준 겁니다. 얼마나 야비한지. 그리고 부도가 나고 보니 막상 내가 사인도 안 했는데 융자가 나간 게 있었던 거지."

그러면 그 때부터 신용불량이 되어가지고 지금까지 계속 이어진 겁니까?
"그러니까 내가 꽤 질긴 영감쟁이인 건 틀림없잖아요."

신용불량이 되면 당장 은행 거래가 안 되잖아요.
"안 되죠. 통장도 없고 아무 것도 없어요."

그러면 현금 아니면 쓸 수가 없는데.
"그것도 삥땅으로 하죠. 지금도 삥땅이 돼요. 너 돈 있냐 하고 물어봐요. 제일 만만했던 삥땅 대상이 조규하라고 전라남도지사를 했던 선배가 있는데 만나면 지갑 달라고 해서 들어있는 돈 다 빼서 몇 푼 돌려주고 내가 다 가져버려.(웃음) 칼 안 든 노상강도지 뭐."

학교에서는 용돈 좀 안 주나요?

"내가 안 가져가는데, (옆에 앉아 있던 박종현 개운중학교 교장을 가리키며) 니 돈 있나 하고 물어보고 교장 월급에서 뜯어가는 거지."

운전면허는 있습니까?
"술 먹기 때문에 면허도 안 땄어요.(웃음)"

사실은 저도 면허가 없습니다.
"허허허.(정색을 하면서) 진짜 따이소. 자격은 무엇이든 따 놔야 해. 아무리 웃기는 자격이라도 자격은 따 놔야 합니다. 만일 술 먹는 자격이 있다면 그것도 따 놔야 해. 자기 일 다 하려고 그러면…. 여기 사진기자는 사진작가로 살면 그런대로 돈이 생겨요. 돈 있는 사람들이 찍어달라고 하니까. 그런데 이런 글 쓰는 사람은 시 쓰거나 책 많이 안 내면 결국 가난합니다. 본인은 설마 내가 그러랴 하겠지만, 치사한 글 써야 돈이 생기지, 자기 쓰고 싶은 글 써가지고 돈 생긴 사람 없어요. 벽초 홍명희가 그렇게 좋은 소설 써도 거기서 돈 안 생겼어요."

그래도 북한 가서 한 자리 하지 않았나요?

"부수상이란 자리. 김일성 그 자식이 딸년 데리고 살았어요. 그놈 개자식이요. 독립운동한 건 사실이지만, 이 나라에서 나처럼 그놈을 개새끼라고 부르는 사람은 별로 없을 거요."

누굴 데리고 살았다고요?
"홍명희 선생 딸. 개새끼요. 못된 놈의 새끼. 김일성이나 이승만이나 똑같은 놈이요."

## 평생 우리나라 고대사를 연구해온 이유

지난번에 뵈었을 때 임락경 선생이 쓴 책을 주셨는데.
"동학군이야."

임락경 선생과는 친해진 계기가 있었습니까?
"(박종현 개운중학교 교장을 가리키며) 우리 교장 선생님이 이런 사람 아느냐고 얘길 해요. 그래서 가보자 하여 가봤지 뭘."

그게 언제였습니까?

"그게 한참 되었습니다. 저 양반 우리 학교 오기 전에 일이
니까. 여기 자주 옵니다. 우리한테 와서 강의도 하고. 저
양반이 어떻게 해서 임락경을 알게 됐다더라?"

옆에 있던 이용학 효암고등학교 교장이 "생명평화결사와 실상사 등을 통해 알게 되었을 것"이라고 거들었다.

요즘도 한 번씩 만나십니까?

"그럼요. 그 책도 나오자마자 그 자리에서 받아왔죠."

그분이 글을 또 재미있게 잘 쓰시더라고요.

"잘 써요. 말도 잘하고, 아 살기도 예쁘게 살고."

그렇데요. 글이 술술 읽히더라고요. 이사장님은 주로 어떤 책을 읽으시나요?

"오히려 나는 잡스런 책을. 음악사니 민속사니 뭐 쓸데없는 농업사 뭐 이런. 잡스러운 사史들을 많이 읽습니다. 고대 관계."

주로 역사책이네요.

"아무래도 역사책 쪽을 더 읽게 되고. 아니면 중국 쪽의 고대사 관계. 신문 잡지는 안 보니까 시간은 많고. 철학책도 뭐 보기는 보지만 오히려 중국의 사史를 가장 많이 봅니다. 왜냐하면 말을 안 해서 그렇지 일생을 공부해온 게 결국은 언어고고학을 공부해온 거야. 지금도 우리나라 사람들

모두가 단군조선이라 하는데, 분명히 다 한문 아니냐. 그러면 한문이 있은 다음에 나라 이름이 생겼다는 건데, 단군조선 자체는 한문이 생겼다는 3300~3400년보다 훨씬 더 올라간다. 1000여 년 더 올라간다. 그러면 1000여 년 전에도 한문 글자가 있었느냐. 아니면 한문이 생기자마자 1000여 년 동안 입으로 내려오던 그 이름을 글자로 썼느냐. 이런 의심을 당연히 해봐야지. 우리말로는 없고 한자로만 있으니 따라서 한자를 우리 조상이 만들었느냐. 남의 글자를 만들자마자 우리가 알아가지고 썼을 리는 없으니. 우리가 그러면 저 한자를 만들어가지고 나라 이름이 생겼냐 하는 의심을 당연히 해야 하거든요? 그런데 아직도 아무도 그걸로 논문을 안 쓰거든. 의심도 안 하거든. 그런가보다 하고 지나가거든. 그런데 나는 초등학교 4학년 때 거기 매달려가지고 결국 가설은 다 찾아냈어. 우리나라 말로도 우리나라 이름이 있어. '조선'이라고 그 글자를 발음한 적이 없어. 왜냐하면 표의 문자를 표음 문자의 고정관념으로 당연히 음가가 따로 있는 줄로 아는 것은 그냥 엉터리없는 오해야. 표의 문자는 단어나 구나 절이나 문장으로 그냥 읽지 그 기호를 음가로 읽을 필요가 없어. 어느 틈에 모든 표의 문자는 그 언어를 모르는 사람들에 의해서 다시 그것이 표음 문자화 돼. 지금의 중국 한자를 보면 얼마나 표의가 아니고 표음 문자화 됐어. 따라서 그 문자를 만든 사람들과는 달리 말을 몰라가지고 그걸 음가를 매겨서 사용한 것뿐이야. 아 그러면 표의 문자는, 적어도 표의 문자를 만든 그 사람들은 단어, 구, 절, 문장으로 되는 전체 말로 그걸 읽지 음가로 읽을 수는 없다. 이런 말은 세상 어디에도 안 나와 있어. 이걸 내가 찾아낸 거야.(웃음) 그러니까 이거 가지고 학계에 가서 광산쟁이 하고 장돌뱅이 하고 돈 잘 벌고 잘 처먹고 산 새끼가 또 남 평생 고생한 사람들한테 가서 잘난 척 하는 것밖에 안 되기 때문에 말만 자꾸 퍼지도록 하는 거야. 그런데 요 말이 어려워. 표의 문자는 단어나, 구나, 절이나, 문장이 되는 전체 말로 읽지, 음가로 읽지 않는다는 이 말도 안 퍼져나가. 이해가 안 되어가지고. 다른 말은 많이 퍼졌는데 이 말은 안 퍼져. 난데없이 한자를 우리가 만들었다 이 말은 빨리 퍼져나가고. 그렇게 말하면 안 되거든? 지금 한자라고 불리는 그 고문자는 만든 민족이 우리말을 하는 동이족이더라. 상나라가 동이족이고 그 동이족이 우리말을 하더라. 말이 이래야지. 그 동이족이 우리말을 하고 있다고 해도 바로 우리인지 아닌지도, 그 때 개념으로 얼마나 같고 얼마나 다르냐는 또 문제가 있는 거야.

대체로 우리말을 하니까 씨족 정도나 약간의 개념의 부족에서는 우리하고는 차이가 있을는지 몰라도, 그것도 그 역사가 적어도 요순이라고 하는 설화 전설, 단군이라는 설화 전설로 봐서 상나라가 망하도록 까지는 이미 천 년 이상의 역사가 흘렀기 때문에 지금의 우리말이 동이란 말이 있는 걸로 봐서 우리가 그들의 유민이지 부족조차도 다를 가능성이 없어. 지배계급이 살아남았느냐, 아니면 피지배계급들이 그 조직 안에서는. 그러나 부족국가에선 그 부족 전체가 지배계급이지 그 계급차가 크질 않아. 그러나 상나라 말기에 벌써 제후 국가들이 쭉 있었던 게 자꾸 드러나거든."

상나라요?

"상나라가 갑골문자를 만들었으니까. 갑골문이 우리말 발음으로 되어 있더라 이 말입니다. 상나라는 제후국가 이름이고, 통일국가 이름이 그 글자를 썼는데 우리는 그걸 '가라'라고 하고 '아라'라고 했지 조선이라고 우린 읽은 적이 없어. 두나라에 와서 그 글자를 조 자라고 발음하고 선 자라고 발음해서 말 모르는 두나라의 임금들은 상나라 말을 알지만 두나라 백성들은 상나라 말을 몰라. 그래서 음가를 붙였어. 음가를 붙이고 나니까 그걸 조선이라고 발음하는

것뿐이지 글자는 같은 글자인데 우리는 조선이라고 발음한 적이 없고 가라요, 아라요. 심지어 고주몽이 세운 나라 그 것도 아마 '고마'라고까지 했을 거요. 왜냐하면 '가라' 자체 가 망한 나라기 때문에 글자는 '고려'라고, '고구려'는 물론 아니고, '고려'라고 쓴 거요. 그 고려 자체가 왕건이가 건방

져서 구 자를 마음대로 뺀 게 아니라 구 자는 중국 사람들이 고려가 아주 존엄성이 있고 저희 기분에는 거만하고 오만한 소리로 들리니까 깔보려고 조선말 아는 중국의 학자가 구리다고 '구리' 그래버렸어. 가라라고 글자 써놓은 걸 저거는 보니까 글자가 비슷하거든. '가으리' 이렇게 되는데 '구리' 그랬는데, '구리'가 생겼을 때도 중국의 학자들 상당수는 그렇게 안 따라가. 구리라고 안 하고 고리라고 가으리 가으리 하니까 그게 그냥 고구리가 된 거지. 왕건이가 아무리 무식해도 구 자를 제 마음대로 뺄 수는 없는 거요. 일본에 그 증거가 남아 있는데 일본에 주몽의 나라 사람들이 가서 신사도 짓고 개울 이름도 고리가 붙이고 산 이름도 고리라 붙이고 그래서 그게 남아가지고 모든 그 근처에서는 현 자체도 그 글자로 고려라는 현인데, 그걸 전부 '고마'라고 읽어요. 고마진자<sup>신사</sup>, 고마야마<sup>산</sup>, 고마가와<sup>강</sup>, 또 고마에끼<sup>역</sup>, 학교 이름도 고마주각고, 고마쇼각고예요. 전부 고마라고 읽지 고라이라고 안 읽어요."

그게 일본의 어느 지방에 있습니까?
"센다이에서 고마에끼 가려면 어떻게 가느냐고 물으면 됩니다. 글자는 고려입니다. 지선에 붙어 있어, 간선에 붙어 있지 않고. 합병을 해가지고 지금은 고마라는 말이 몇 개 안 남았는데 재미있는 것은 가고시마나 이쪽에 가면요. 난데 없이 고려 다리가 중요한 다리야. 큰 시냇가에. 그걸 유식한 사람은 전부 고마바시라고 읽지 고라이바시라고 안 읽어."

찾아보니 실제 사이타마현埼玉県 히다카시日高市가 고마군高麗郡과 고마가와촌高麗川村이 합병한 도시였다.

그의 상고사에 대한 애정은 각별했다. 나중에 '인터넷을 쓰시냐'는 질문에도 역시 이에 대한 설명으로 대답이 돌아왔다.

인터넷은 안 하십니까?

"아예 컴맹이지. 왜냐하면 아까 얘기한 표의 문자는 음가가 결코 있을 수 없고, 말로만 소리를 읽는다. 이런 사고를 찾아내려면 현대적인 것에 너무 익숙하면 안 돼요. 원래는 핸드폰도 한동안 없었습니다. 너무 현대적인 것에 익숙하지 않으려고. 가령 상당한 단어들이 시공 양면에 다 쓰이는 조선시대 전에, 고려시대 전에, 앞에, 뒤에 하는 것. 영어의 애프터나 비포나, 다 시공 양쪽에 다 쓰입니다. 애프터 댓 타임, 비포 댓 타임. 공간이나 시간에 다 쓰입니다. 뒤에, 앞에 그러면 어떤 사람은 공간단어로 느끼고 어떤 사람은 시간단어로 느끼겠지만…. 저녁에서 '녁'도 마찬가지입니다. 저녁, 아침녁 하면 시간입니다. 그러나 동녘, 남녘은 공간단어입니다. 영어도 마찬가지입니다. 온 타임 할 때는 시간이고, 온 더 데스크 할 때는 공간입니다. 거기에다 우리의 바 소所 자에서 바는, 지금은 바라는 말을 흔히 쓰지도 않아. 갔던 바, 였던 바 하는 시간개념으로만 써요. 그러나 소所니까 이건 공간단어야. 천자문에서도 공간단어로 딱 되어 있어. 그래서 일본 사람은 장소 장場 자와 장소 소所 자는 둘 다 바로 발음해요. 공장 할 때는 공바 그리고, 입장 그럴 땐 다찌바 그리고. 소도 전부 바입니다. 그래서 일본에 우리 고어가 얼마나 잘 살아 있는가의 예입니다. 우리는 없어졌는데, 여기서 건너갔기 때문에 우리 고어는 우리보다 일본에 그대로 남아 있어요. 멀리 떨어지면 변하지 않고 그대로 보존되는 법칙이 있습니다. 원래 장소에서는 변화 발전이지만, 떨어진 곳에서는 틀린 게 됩니다. 그래서 안 틀리려고 처음 들어왔을 때 그것이 보존되거든요. 일본에 우리 고어가 얼마나 잘 보존되어 있으면 향가를 제일 먼저 읽어낸 사람이 일본 사람입니다. 그 사람이 누굽니까? 배우셨을 텐데… 그 뭐더라?"

잘 모르겠습니다.

"아, 오구라 신페이, 소창진평$^{小倉進平}$. 오구라 신페이 처음 들
어봅니까? 그 사람이 단연, 물론 거기서 틀린 것도 있지만
그 사람이 처음으로 향가를 읽었거든요. 일본말에는 현대
까지도 그 고어들이 많이 쓰이기 때문에 그렇게 용이한 겁
니다. 그 다음에 양주동이가 하고 김완진인가 그 사람도
뛰어들고 그랬지."

네. 그렇군요.

"우리나라의 원래 국호는 '가라'고 글자는 '조선'이었고, 주
몽의 나라 이름은 '고려'인데 글자의 발음은 '고리'지만, 그
들은 고리라고 읽은 적이 없고 '고마'라고 읽었습니다. 왜냐
면 '가라'라고 썼기 때문에 '가라'라고 하면 이미 '조선'이라
는 글자를 버린 마당에 글자는 '가라'라고 썼지만 그걸 쓰
기 싫어서 '고마'라고 했습니다. 그러면 '가라'와 '고마'가 같
은 말이라야 하는데, 그걸 입증하느라고 혼났습니다. 가설
이 틀릴까봐.(웃음) 감물을 들인 옷을 '갈옷'이라 그러거든
요. 또 검은 말을 우리말로는 '가라말' 그럽니다. 말을 키우

거나 말을 몰거나 경마장 이런 곳에서는 으레 '가라말'이라고 합니다. '검은 말' 그러면 무식한 말입니다. 그러면 '갈'과 '감'이 같은 소리입니다. 그래서 '가라'가 '고마'가 된 거라는 겁니다."

그러니까 '고려'라고 쓰고 '고마'라고 읽었다는 이야기죠? 그 전엔 '조선'이라고 쓰고 '가라'라고 했고.
"예. 그렇습니다."

원래는 우리가 '가라'라고 했는데 한자가 생기고 나서….
"갑골에서 한자를 만들 때에 우리나라에 와서 상나라 말을 모르는 사람을 위해서 이 글자를 쓰려다 보니까 아예 음가를 새로 만들어서 표의 문자를 표음 문자로 사용할 길을 열어놓은 겁니다. 말을 모르니까. 그럴 완성한 사람이 공자입니다. 음가를 달고 문장으로 쓰는 완성자가 공자에요. 그걸 공자 스스로가 술이부작述而不作이라고 했고, 공자는 아언雅言을 썼다고 하는데 나는 가설로 그게 바로 상나라 말을 썼다는 소리다. 상나라 말을 알기 때문에 상나라 말로 음가를 붙였다는 것으로 보는 겁니다."

그런데 상나라라는 나라가 어딥니까?

"중국 전체죠. 기원전에 600년 정도 있었던 나라를 상나라라고 합니다. 그런데 그건 제후국 이름이고 중국 전체에 있었던 나라가 '조선'이라는 글자를 써놓고 '가라'라고 했지. 중국이 '가라'지. 암만 만주에서 따로 단군 만들어봤자 아마 다 헛일일 겁니다. 중국의 하나라, 상나라를 '가라'라고, 아마도 갑골문이 생긴 다음에 상나라 학자가 그 글자를 쓰면서 '가라'라고 소리를 냈습니다. 그 증거가 남은 것이 주몽의 나라 고려이고. 낙동강 가에 있는 가라는 한문 글자가 아니라고 되어 있고. 조선이기 때문에 가라 자체에 한문 글자가 아니라는 겁니다. 그리고 가야산, 가라산이 충청남도에도 있고 평안도에도 있고 중국에도 가라산이 있어요. 소리가 조선산이라는 소립니다. 그게 다 소리가 가라산입니다. 그런데 가라 이전에는 그게 다 아라라고 하더라."

한국어 위키백과에서 상나라에 대해 찾아보니 이렇게 설명되어 있었다.

"상商, 기원전 1600년경~기원전 1046년경나라는 역사적으로 실재했다고 여겨지는 최초의 중국 왕조이다. 반경盤庚이 옮긴 마지막 도읍이 은殷이기 때문에, 은이라고도 부른다.

상나라의 시조에 대한 의견은 분분한데, 기록에 의하면 전설상의 인물인 황제黃帝의 후손 탕왕湯王이 세웠다고 전해진다. 탕왕은 하나라의 마지막 왕이자 폭군인 걸왕을 무찌르고 상나라를 개국하였다.

마지막 왕은 무희 달기와 함께 국민을 잔혹하게 다룬 30대 주왕紂王이며, 주周나라 시조인 서주 무왕西周 武王에 의해 멸망하였다.

19세기 말까지 전설상의 왕조로만 다루었으나 20세기 초에 은허殷墟가 발굴되고 고고학적 증거들이 나타나 실재하는 왕조였음이 인정되었다.

출토된 청동기나, 갑골문자甲骨文字를 독해함으로써 선사 사회부터 역사시대로 옮겨진 은나라 사회의 실태가 해명되기에 이르렀다.”

그러면 함안에 있었던 '아라가야'는 뭡니까?

“그러니까 몰라가지고 아라가 가라라는 소린데, 더 큰 가라라는 소리죠.”

네. 알겠습니다.

“이거 굉장히 오래 공부해야 이해할 수 있는 겁니다. 우리가 흰옷을 입었다고 백의민족이라 하는 것도 알고 보면 우리는 비단옷을 입었다는 얘기입니다. 그거 하나도 우리 선생들이 밝혀내지 못한 것이 일제 식민지의 결과입니다."

이런 연구를 언제부터 하셨습니까?
"한평생이죠. 초등학교 4학년 때부터. 해방 된지 만 2년이 다 되어오는데, 아직도 조선이란 나라이름밖에 없어? 일제 때도 조선인데? 단군 조선 때부터. 늘 찜찜해하다가 담임선생님한테 물었지. 어찌 나라 이름이라는 게 우리 말로 없고, 한문으로만 조선이냐고. 한문을 우리 조상이 만들었다는 학설이 있느냐고. 아니면 우리말로 된 우리나라 이름을 모르는 거냐고. 한문을 우리가 만든 게 아니라면 어떻게 자기 나라 이름도 자기 말로 없느냐고. 한글이야 나중에 만들었다지만."

조선이란 국호 말고 우리 고유의 말로 된 나라 이름이 있었을 거란 말씀이죠?
"당연히 있어야지. 한자를 우리 조상이 만들었거나, 그게 아니라면 당연히 우리말로 있어야 할 것 아닙니까? 그렇게 물었더니 선생님이 한참을 가만히 계시다가 나가시더라고.

그리고 하루 지나고 이틀이 지나도 아무 말씀이 없어. 내가 마침 반장이었으니 따로 가서 다시 물었지. 엊그제 물어본 것 그거 어찌 된 겁니까? 그게 말이다. 아무리 조사하고 아무리 궁리해 봐도 모르겠다는 거야. 아이가 궁금해 할 문제가 아니라 저만한 선생이 몰라? 이거 진짜 문제네? 그 때까지만 해도 내가 그냥 모르는 줄로만 알았지, 세상이 모르는 줄은 몰랐네. 그 때부터 2년 후 나는 졸업하고 그 선생님은 그해 공립 중고등학교 역사 선생으로 갔어요. 나 때문만은 아니겠지만 아마 그 질문 때문에 계속 조사하다가 아마 아예 역사 선생으로 지원을 한 것 같아.(웃음) 나는 그 때부터 걸려든 거야. 한문을 우리 조상이 만들었거나 우리나라 이름이 우리말로 있는데 우리가 모르거나. 두 가지 다 맞는 질문이었어. 한문은 분명히 우리말을 하고 있는 족속이 만들었고, 또 우리말로 나라 이름이 있어. 주몽의 나라가 '고구려'가 아니라 '고려'고, '고려' 또한 김해 가까이 있었다는 '가라'라고 쓴 거야. 조선은 망한 나라여서 싫고, '가라'라고 써놓고는, '가라'도 가만히 생각해보니 망한 나라니까 '고마'라고 읽었어."

그런 걸 공부하셔서가지고 세상에 널리 알리거나 하실 생각은 없나요.

"나는 그게 기자분들하고 생각이 달라요. 내가 아는 지식
도 진리도 다 가설이야. 아는 것 전부가 고정관념이야. 나
는 그걸 알리고 싶긴 해도 마음이 급하진 않아. 내가 맞으
면 어떻고, 틀리면 뭐 그게 대수야. 단지 민족이 분단이 되
어가지고 이 꼴을 하고 있기 때문에 내가 거기 관심을 가
지는 거고. 자존심이 상해 있고, 그래서 다 인간들이 유병
언이 노릇을 하고 있으니. 여기 권력 있고 돈 있는 놈 중에
유병언이 아닌 놈, 나를 포함해서 단 한 놈도 모르겠거든.
권력 있었던 놈 치고 유병언 아닌 놈은 김수환(전 추기경)
하나밖에 모르겠어. 우리가 술 먹고 비틀거리는 놈 보잖아
요? 이런 시절을 산다는 것은 그렇게 술 먹고 기는 놈보다
더 비겁하고 더 치사하고 더 더러웠기 때문에 목숨을 이어
온 겁니다."


## 그가 신문·방송을 안 보는 까닭

알겠습니다. 그런데 이사장님은 신문이나 뉴스를 안 보신다고요?
안 보시는 이유가 뭔가요?

"전두환이 때, 박정희가 잡아다가 박정희가 다 재판했는데, 전두환이가 그걸 사형을 시켰는데…."

남민전 사건 말인가요?

"그래 남민전 사건인데, 신향식이 죽은 날짜가 며칠인지 보면…. 그것도 박정희가 잡아 재판 다 해놓은 걸 그날 죽인 겁니다. 생 날조된 겁니다. 박철언인가 그 놈 검사 때 아닙니까? 10월에 죽였는데, 내가 10월에 신문을 끊었기 때문에 10월로 기억되어 있는 거지. 그런데 전두환이 (국민을) 공포에 빠뜨리려고 (사형시킨 사실을) 일부러 신문에 못 내게 합니다. 기자들이 다 알지만 아무도 그걸 신문에 못 냈습니다. 그래가지고 5.18 그 공포분위기 때문에…. 75년 그 애들 죽인 것도 신문에는 안 났습니다."

남민전은 '남조선민족해방전선준비위원회'의 약칭으로 1977년부터 반유신투쟁을 전개한 단체다. 유신 말기인 1979년 10월 4일 이재문·이문희·차성환·이수일·김남주 등을 비롯하여 그 해 11월까지 84명의 조직원이 구속되었다.
재판 결과 사건의 총 관련자 84명(불구속자 포함) 가운데 1심과 2심에서 39명이 석방되었고, 사형을 선고받은 이재문

은 옥사했으며, 신향식은 사형이 집행되었고, 전수진은 병보석 후 죽었다. 1992년 사망한 김남주 시인도 이 사건에 연루되었다가 1988년 12월 말 마지막으로 풀려난 사람 가운데 한 명이다.

신향식 사형집행일이 82년 10월 8일이네요. 사형은 신향식 한 분이고, 이재문 씨는 그 전에 옥사했네요.

"인혁당 때도 신문에 보도 안 했어요. 나는 여정남이는 이름만 알지 잘 몰라요. 김용원이는 1년 후배기 때문에 잘 알아요. 이수병도 그렇고. 이런 사람들이 빨갱이 아닌 건 난 뻔히 알거든. 예전에 검사하는 친구한테도 이 말을 했어요. 우리나라에서 빨갱이 개념은 북조선에 정치권력을 쥐고 있는 김일성 그 일당으로 제한시켜야 한다. 실질적인 권력, 무력을 가지고 북조선의 그 세력을 지지하고 추종하는 자들에게만 빨갱이라는 단어를 써야지, 전 세계가 사상의 자유가 있는데 그러지 않으면 우리만 바보 된다. 내가 알기론 북한에선 이미 마르크시즘이 금서가 되어 있다. 저 자들은 절대로 공산주의자가 아니다. 공산주의라는 이름으로 지금 독재권력을 행사하는 자이지, 그럴싸한 수작만 하는 자이지 공산주의자도 아니다. 따라서 너희가 주역으로 있을 때

이 개념을 세워야 한다고 했는데, 인혁당이나 남민전은 전혀 그런 자들이 아냐, 북조선 추종자들이 아냐."

그렇게 사건을 조작해가지고 사람을 죽였고.

"그것도 자기 정권의 책임도 아닌데, 그 사람들이 절간에 있다가 아무도 모르게 산 속에서 죽은 것도 아닌데, 모르는 사람은 아무도 모르게 신문에도 안 나고, 아는 사람은 또 다 알아. 이것은 공포심을 조장하려고 일부러 그런 거야. 따라서 모든 신문에 공개되는 뉴스는 우리들의 사고방식을 조작하기 위해서이지 아닌 것은 뉴스에 내보낼 수가 없게 되었다는 확실한 증거다. 그래서 그 때부터 아예 신문을 끊었지."

텔레비전도 안 보시고.

"그 길로 뉴스는 안 봤지. 근래 와서는 내가 너무 아무 것도 몰라서 텔레비전도 보기도 하고 신문도 눈에 띄면 보기는 해도 그 한동안은 아예 뉴스는 볼 생각을 안 했지. (내 생각을) 조작당하기 싫어서…"

지금은 그래도 조금씩은 보십니까?

"눈에 띄면 보지. 심지어 신문을 집어오기도 하니까. 그래도 아무래도 잘 안 보게 돼."


## 죽은 시인의 사회, 그리고 홍명희·박완서·권정생

영화도 잘 안 보십니까?
"영화는 아직도 많이 보는 셈입니다. 가능하면."

어떤 영화를 주로.
"최근에도 꽤 좋은 영화를 봤는데 이젠 기억을 잘 못해요."

우리나라 영화인가요?
"우리나라 영화는 내가 눈이 안 좋아서 그런지 좋은 영화를 못 봤어요. 완성도가 떨어지거나 좀 많이 엉터리 영화밖에 못 봐가지고."

혹시 〈비긴어게인〉?
"아, 그건 기차(KTX) 극장에서 봤어요. 그거 음악영화죠? 아주 괜찮은 영화입니다. 그런 식으로 기왕의 틀을 깨는 영화들이…. 음악영화를 그렇게 잘 만들기 쉽지 않은데, 음악 좋아하고 잘하는 사람은 아주 좋아할 영화입니다."

이사장님이 좋은 영화라고 꼽는다면?

"쉽게 말해서 죽은 시인의 사회 같은 건 어른들을 위한 영화라서 그 또래의 중학생들이나 고등학교 저학년에게는 설명이 필요한 영화입니다. 아마 미국에서도 그건 설명이 필요할 거요. 그 다음에 그 왜 좋은 영화는 쎄비렸습니다. 너무 많아 가지고. 지금은 영화가 훨씬 성공적이지, 그런데 저는 암만 좋은 영화라도 많은 영화들이 (상업성에) 오염되어 있는 게 걱정이거든요. 포레스트 검프입니까? 다리 못 쓰던 아이가 그 다리가 풀려서 오히려 성공적으로 살게 되는…. 그것도 아주 괜찮은 영화지."

〈죽은 시인의 사회〉는 어떤 점에서 좋은 영화입니까?

"젊은이들을 중심으로, 어떻게 하면 우리가 아는 것에 얽매이지 않고, 아는 것에 포박당하지 않고 자유롭게 생각할 수 있나 하는 것을 끊임없이 박해를 받으면서도 그걸 추구하며 사는 평범한, 뛰어난 영웅의 이야기가 아니라 평범한 시민이 정말 영웅으로 받들어야 할 만큼 그런 가능성을 우리 젊은이들이나 모든 사람들한테 열어 보이는 영화이기 때문에…(좋은 영화죠). 잘못된 생각만 고정관념이 아니라 옳다고 확실히 믿는 것이 얼마나 험악한 고정관념이고 과오인지를…. 이게 중요합니다. 그냥 잘못된 것만 우리는 고정관념이라는 단어를 쓰는데 천만입니다. 확실하게 아는 것 전부가 고정관념입니다."

옳다고 확신하는 그 자체가?

"그 자체가 이미 고정관념입니다. 내가 수십 년 동안 이 이야기를 해도 다 웃어요. 내가 대학생 때부터 이렇게 이야기하는데, '쟤는 말이 좀 심하다'거나 하면서 (웃어요)."

영화 보러 갈 땐 주로 누구와 갑니까? 혼자 가십니까?

"아내하고 보러 갈 때도 많았지만, 뭐 혼자 볼 때가 아무래도 많죠."

영화관에 가서 봅니까?

"갑니다. 지금도 갑니다. 누가 좋다고 하면. 최근에 아주 좋은 영화를 봤는데 제목이 기억이 안 나서 그렇지. 소설은 이제 눈이 안 좋아서 읽기가 어렵거든요. 그리고 나는 내가 소설 쓸 마음이 좀 있어가지고 소설을 재미로 못 보고, 소설 읽는 게 완전히 뭐 살기 위해서 노동하는 것처럼 좀 힘이 들어요."

예전에 읽은 소설 중에서는 추천해주실 만한 게 있나요?

"정말 우리나라 사람들한테는 권정생 소설과 산문과 시를 권하고 싶어요. 아이들만 읽을 게 아니라 어른도 누구든지 좀 읽었으면 좋겠어요. 그리고 뭐라 그래도 벽초(홍명희의 호)의 꺽정이(소설 〈임꺽정〉)는 우리말을 위해서라도 읽어야 합니다."

권정생權正生, 1937~2007은 동화작가이자 수필가, 시인이었다. 대표작으로 〈강아지똥〉과 〈몽실 언니〉 등이 있다. 140편의 단편동화, 5편의 장편동화, 5편의 소년소설(단편 1편 포함), 100편이 넘는 동시와 동요 외에도 80여 편의 옛 이야기를 재화 혹은 재창작하고, 150여편에 이르는 산문을 남겼다.

홍명희洪命熹, 1888~1968는 민족운동가이자 북한의 정치가로 일제강점기에 〈임꺽정林巨正〉을 발표하여 한국 역사소설의 새로운 지평을 열었다. 호는 벽초碧初로 김일성 정권에서 초대 내각 부수상을 지낸 인물이다.

권정생, 홍명희 외에는?

"또 박완서도 읽어야 합니다. 정말 오늘날은 오히려 임꺽정
보다는 소시민들이 하도 이상하게 잘못되어 가고 있으니
소시민의 건강함이나 정직함을 위해서는 박완서 소설 읽으
라고 꼭 권하고 싶은데, 저는 박완서 소설 재미가 없습니
다. 그러나 잘 쓴 글이고 다 읽어야 합니다. 임꺽정을 권하
는 것은 은연중에 거기 우리들의 수련법이 들어 있고…."

박완서朴婉緖, 1931~2011는 소설가로 〈나목〉, 〈휘청거리는 오후〉,
〈그해 겨울은 따뜻했네〉, 〈도시의 흉년〉, 〈그 많던 싱아는
누가 다 먹었을까〉 등 많은 소설작품이 있다.

수련법이요?

"네. 여러 가지 수련법, 마음의 수련법, 기술의 수련법, 체력
의 수련법 등 여러 가지 전통의 수련법이 하나 가득 숨어
있습니다. 거기다가 호연지기까지 느낄 수 있습니다. 호연
지기나 실제 살아가기 위한 여러 가지 수련법이 있다는 것
은, 그건 의식하지 못하면서 배우게 되니까 아주 중요합니

다. 일부러 그건 벽초 선생이 목표로 한 것들입니다. 우리 말을 위해서 우리말을 익히고 우리의 지혜를 배우라고 일부러 그 노력을 하신 거니까. 소설가도 아닌 양반이…."

벽초 선생이 작품 활동을 하던 시기의 소설가로 우리나라에서는 이광수를 최고 높이 치지 않습니까?

"(탄식하듯) 참, 이광수의 그것은 민중의 미련함 내지는 무식함과 관계가 되어 있습니다. 나부터가 이광수에 도취되어 있었던 것은 국민학교 6학년, 중학교 2학년 때까집니다. 벌써 3학년쯤 되니까 좀 수상해보이기 시작하더라고. 우리 지식인들을 놓고 볼 때, 여기서 말하는 지식인은 좀 민중적인 지식인입니다. 특별히 뛰어난 지식인 말고. 전부 중2 정도에 머물러 있는 겁니다. 중3 되니까 벌써 수상해지던데…. 아마 지금쯤은 아무도 이광수 작품을 지금 선생님(필자를 지칭)이 물은 것처럼 생각하진 않을 겁니다. 그때 우리가 한글 책을 워낙 못 읽었고 일본말에만 쩔어 있던 시절 사람들이다 보니까 그랬고…. 정말 참 안목들이 워낙 없었고, 번안 글이 워낙 많던 시절이었으니까. 이건 꼭 알아야 합니다. 배우는 건 좋은데, 또 번안 글도 상관없어요. 번안 글일 때 그걸 번안 글이라는 걸 밝힐 줄 알면 더 좋아요. 그걸 안 밝힘으로써 괜히 거짓말이 되거든요. 우리 글은 원래 전통적으로, 참, 오늘날 자본주의에서 이야기하는 남의 글 표절이라고 말하는, 그 개념이 없습니다. 내꺼라고 거짓말을 하는 것이지 표절이라고 하는 말은 대단히 애매모호한 소립니다. 누가 안 배운 놈이 어디 있습니까? 다 배운 거지. 우리는 누구의 좋은 글을 가지고 더 잘 쓸 수도 있는 것을, 공자도 술이부작述而不作이라고 합니다. 내가 지은 건 없다고 합니다. 남한테서 다 배운 것을 내가 문장화만 했다는 뜻입니다. 술이述而라는 말이 문장화라는 말이 없던 시기에 문장화라는 뜻으로 쓴 말입니다. 따라서 원래 표절이란 말은 없었고, 표절이란 말이 애매한 것은 일본놈들이 사용한 말 같은데요. 남의 글을 내꺼라고 말하는 도적놈을 말하는 겁니다. 남의 말을 내가 인용하거나 내가 사용한 건 표절일 수가 없습니다. 당연히 남의 글 인용하고 남의 글 다 배워가지고 우리가 이야기해야죠. 단지 내 글이라고 거짓말 하고 그걸 돈으로까지 훔쳐 먹은 나쁜 도적놈입니다. 이거 구별해야 합니다. 표절이란 말의 애매성과 원래 자기 글이 아닌 것을 자기 글이라 그러고 돈까지 받고 거짓말 하는 것은…. 거짓말쟁이 그걸 우리가 대접할 필요 없죠."

출처를 밝히고 인용을 하면 표절이 아니지 않습니까?

"글쎄요. 그건 전체적으로 앞에다가 누구누구의 책을 참조했다 하면 되는 거지. 조그만 것에도 표절시비 나오는 것도 자본주의 병폐라 봅니다. 그 대신에 거짓말 하고 돈까지 받고 그러면 엄하게 사회적으로 벌을 줘야죠. 그러면 되지 그걸 소송 제기나 하고 서로 광고에 이용해먹고…. 표절 시비를 해가지고 그걸로 오히려 자기 명리를 탐하는, 표절을 했다고 주장하는 쪽도 얼마든지 있습니다. 그런 사람을 내가 봤습니다."


## 스필버그와 인문학 열풍에 대한 생각

외국 작품들 중에서는 혹시 추천할만한 것은 없습니까?

"어느 나이 이후에는 소설 읽는 게 힘이 들어서 잘 안 읽습니다. 다큐멘터리류 외에는 잘 안 읽거든요. 제가 이제는 가상적인 문학적 창작 따라다니기에는 늙었다 싶어가지고."

그러면 텔레비전을 통해 다큐멘터리를?

"그것도 많이 보고요. 책도 문학적 창작 아닌 것들은 그럭

저럭 봅니다."

문학적 창작물이 아닌 책 중에서 임락경 선생의 〈우리 영성가 이
야기〉도 추천해주셨고, 〈죽어가는 천황의 나라에서〉도 추천해주
셨는데, 그 외 또 추천하실만한 책이 있습니까?
"많아요. 하도 많아가지고…. 정말 좋은 책은 쎄비린 시대
입니다. 이것을 어떻게 정말 정신 차려서 고르냐 하는 것
은 자기의 책임입니다. 평론가들의 말은 참고만 하시고. 내
가 이 사람 이야기를 많이 하는데 영화감독으로, 제작자로
유명한 사람, 영화 이티ET 만든 사람."

스티브 스필버그 말인가요?
"예. 스티브 스필버그가 지금부터 30~40년 지나면 20세기
후반에 제일 특징적인 사람으로 기록될 겁니다. 스필버그
적인 사고와 스필버그적인 수법이라는 문화 특징으로…. 그
러나 난 스필버그 같은 사람을 가장 큰 지적 범죄자로 보
는 사람이거든요. 결국은 돈을 목표로 해가지고, 결국은
휘둘러 제끼는 걸 목표로 하고, 그게 돈으로 표현되게끔 하
기 위해서 문예적 창작이나 영화적 창작을 제일 잘 사용
한 사람의 대표라는 거죠. 전체 문화가 결국은 돈 버는 수

법이 제일 뛰어난 능력인 것처럼 느끼도록 만드는데 스필버그가 공을 세운 겁니다. 그렇게 재주 전부를 그렇게 쓰고 있습니다. 그러면 현실에서 정직하게 사는 사람들이 거기에 다 휩쓸리게 되어 있습니다. 이 썩은 걸 독자들이 알지 못하면 모든 재미있는 것이 다 정의이거나 옳은 거라고 착각하게 돼요. 그건 아닙니다. 나는 더구나 정의라는 말도 쓰기 싫어하는 사람인데, 사람들은 재밌으면 좋은 걸로 알아요. 재밌고 말아야지. 여기에 문제가 있습니다. 좋은 게 정의라고까지 여겨요. 돈 버는 능력이 정의가 되는 시대, 나는 그 죄를 스필버그한테 덮어씌울 수밖에 없어요. 돈 많이 번, IT 갖고 부자 된 사람 이름 뭡니까? 기부 많이 한다는 사람."

빌 게이츠요?

"빌 게이츠가 자본주의를 강화시키고 있는 면도 있지만, 스필버그 같은 사람이 정말로 인간의 마음 속까지 썩게 하면서 자본주의를 강화시키고 있습니다. 돈 버는 능력, 그게 최고의 정의입니다. 쉰들러 리스트가 얼마나 정의를 주장하는 영화입니까? 그 쉰들러 리스트가 상 받을 것까지 계산해가지고, 그 건달 같은 쉰들러가 정의를 실현하는 것은,

건달이니까 오히려 그럴 수밖에 없는 그 악한 시절에…. 그걸 통해서 무슨 짓을 하든지 돈 버는 능력이…."

그런데 〈쉰들러 리스트〉라는 영화도 나름대로 우리가 몰랐던 사실과 인물을 발굴했다는….
"그렇죠. 그 몰랐던 새로운 사실을 그렇게 재미있게 만들어 가지고 돈을 빨아먹은 겁니다. 그 외 저질영화들까지도 다 스필버그가 만든 영화입니다. 이걸 유기적, 총체적으로 보면 쉰들러 리스트라는 영화는 계획적으로 계산 대어가지고 자기 전체 제작 영화를 정의로운 걸로 믿고 방심하게 만든 겁니다. 그래서 돈 버는 능력이 정의가 된 겁니다."

그런데 그렇다고 해서 자본주의라는 사회가….
"자본주의 사회가 문제가 아니고 사람들의 모든 가치가 재미와 감동까지 줘서 돈을 버는 능력으로까지 돼야 하는, 정의까지도 돈 버는 데 이용하는 겁니다."

그러나 돈 버는 것 자체를 악이라고 바로 이야기할 순 없지 않나요?
"돈 버는 게 악이라는 게 아니고 돈 버는 것만이 가치라고 여기게끔 만드는 것이 악이라는 겁니다."

이사장님이 말씀하시고 싶은 것은 돈이 최고가 아닌 사회…?
"다양한 가치가 함께 조화를 이룰 수 있는 사회. 돈이 없어
도 얼마든지 행복할 수 있는 사회. 그런 사회는 계산으로
될 수 있는 게 아닙니다."

요즘 신자유주의, 자본주의 체제 속에서 돈이 최우선 가치로 추앙
받는 것은 어쩔 수 없는 측면도 있지 않습니까?
"자본주의 자체는 굉장히 오래 된 겁니다. 원시인이 물고기
를 최초로 두 마리 잡았을 때 이미 자본주의 사태는 벌어
집니다. 그거 '나 달라'고 하면 창녀나 거지, 훔쳐가는 놈은
강도나 도둑놈, 독재자가 되겠죠. 꼭 그걸 비축하고 소유하
는 것만이 문제가 아니라. 현재가 이 꼴이니까 어쩔 수 없
는 걸로 말하는 분들이 있는데, 나는 바로 그 점을 쉰들러
한테 책임지우고 싶은 겁니다."

철학과를 나오셨는데요. 요즘 인문학 열풍 현상에 대해 어떻게 보
시는지요.
"예술 전체를 포함하는 문<sup>x</sup>이라는 게 중요한 것은 어떤 체

제 속에서 생겨난 지식을 가지고 그 지식만을 먹이는 게
아니란 뜻으로 우리가 인문학적이라고 말하는 것이거든요.
사람이 사람답게 살 수 있는 가능성을, 돈이 있고 없고 상
관없이 가능하다는 걸 가르쳐 줘야 결국 인문학적인 건데,
우리가 돈 없다고 해서 춤 못추지 않고 돈 없다고 해서 노
래 못하지 않고, 한글만 깨우치고 나면 돈 없다고 해서 글
못쓰지도 않습니다. 그러나 여기에는 자기의 노력과 자기
의 상상력과 끊임없는 수련이 필요합니다. 약간의 노동력만
있으면 노동하면서도 다 가능합니다. 그런데 이 가능하다
는 용의와 실질적인 실천이 어려워져 있는 겁니다. 이게 가

능하다는 것을 누가 일깨워줘야 하느냐가 문제인데, 그걸 인문학이 과연 하느냐? 나는 못한다고 봅니다. 지금 같은 인문학으로는…."

뭘 해야 하는데 그 역할을 못한다고요?

"노래나 춤이나 글쓰기나 연극이나 이 모든 예술적인 행동은 누구든지 할 수 있습니다. 문제는 그들이 이것을 할 용의를 갖느냐, 실제 실천을 하느냐는 겁니다. 이것을 선생님(필자)이 물을 때는 인문강좌라든가 이런 게 사회적인 조직이나 돈을 가진 데서만 이루어진다고 약간 전제돼 있다고 느꼈거든요. 그렇진 않거든요. 누구나 할 수 있는 겁니다. 꼭 유식한 사람, 뛰어난 사람이 한다는 그것부터 틀을 깨어야 합니다."

그러나 어쨌든 사회적으로 인문학에 대한 관심이 높아졌다는 자체는….

"나는 하나도 안 높아졌다고 봅니다. 주둥이로만 괜히, 그것도 또 돈 되는 또 하나의 세상을 만들뿐입니다. 이게 다 스필버그가 만들어놓은 세상이에요. 돈을 노리는 수작이죠. 단지 수작 때문에 관심이 높아졌다는 인상을 줄뿐이지, 인문적 관심 하나도 안 높아졌어요. 사회 전체가 조금씩 나아지면서 타자에 대한 배려와 존중, 관심이 살아나면 됩니다. 인문학이니 하는 것들 모두 다 돈다발 낚으려는 수작입니다."

그러니까 인문학 강좌 이런 것들도 결국은….
"돈다발 낚으려는 수작이고 매명하려는 수작이에요."

인문학을 빙자해가지고 자기 명예를 높이고 돈을 버는 수단으로….
"쓰이고 있는 거지."


## 신이 없다는 건 모르지만 있지 않다는 것은 안다

혹시 교회를 다니거나 종교를 갖고 있는 건?
"아니고. 저는 종교도 또한 돈다발 낚고 명리 휘두르는 기구로 보는 사람이니까. 불교든 기독교든 간에…. 나는 학교마저 그렇게 되어가고 있다고 보니까요."

그러면 종교를 한 번도 가져본 적이 없습니까?

"운이 좋아서 그런지 종교를 가져본 적은 없지만, 하도 추운 데 살아서 따뜻한 곳에 가려고 새벽에 교회에 가보기도 하고, 절간 가면 풍경도 좋고 기분도 좋아서 가보기도 하고, 카톨릭 교회는 또 얼마나 아름답습니까? 가긴 가도 종교 신자였던 적은 없고…. 신이 없다는 건 내가 모릅니다. 신이 있지 않다는 건 좀 압니다. 신이 있지는 않은 것 같습니다. 눈에 보이는 사람도 못 믿고 함께 잘 못살면서 보이지도 않는 신을 자꾸 추켜세워 믿게 하는 것은 결국 조직의 힘을 노리고 돈 낚는 기구로 전락할 수밖에 없습니다."

그러면서 그는 프란치스코 교황에 대한 이야기로 이어갔다.

"교황? 저렇게 훌륭한 교황을 어떻게 해서 교황으로 뽑은 이 시대에, 나는 저런 뛰어난 분이 교황이 됐기 때문에, 뛰어나서 못될 사람이 됐기 때문에 (웃음) 이거야말로 세기말이 되려고 저런 사람을 뽑은 것 아닌가, 속이려면 이제 저 정도 사람이 한 번 와야 속일 수 있기 때문이라고 생각했을 정도였으니까. 그런 사람이 기껏 (우리나라에) 왔는데,

꽃마을이나 끌고 돌아댕기고 (세월호)유족이라는 친구가
소리를 꽥꽥 질러가면서 직접 희생자들 가족이 있다고 소
리를 질러야만 교황이 알 수 있게끔 만드는 우리 교회 조직
들, 내가 어떻게 그런 사람들하고 같이 지낼 수 있습니까?"

그래도 우리나라에서 카톨릭은 그나마 개신교에 비해선 나름대
로….

"그런 입장에서 보면 또 그렇겠지만, 도매업자다 보니까 소
매업자의 막가는 짓이 좀 덜 표현되겠죠."

그런데 그런 차이가 있더라고요. 개신교는 목사의 사유재산이 인
정이 되는데, 카톨릭은 신부에게 주어지는 월급 말고는 사유재산
이 인정되지 않더라고요.

"그게 꼭 그런 건 아닌 게 꽃마을의 경우에는 꽃마을을 지
배하는 그 사람이 마음대로 하고 있습니다. 카톨릭 전체
와 별 관계없이…. 이번 추기경 양반이 딴 건 몰라도 현재
집권하고 있는 여당에서 가장 바라는 말을, 여당에서 하고
있는 말을 자기 입으로 '불행한 자를 이용해먹어선 안 된
다'는 말을 했다는 건, 세월호에 대해서는 '정치적인 말은
삼가겠다'고 해놓고선. 이런 정말 교인들을 무시하고 우리

민중을 무시하는 그런 뻔뻔한 거짓말을 하다니. 이미 정치적인 말을 해놓고 '나는 정치적인 말을 않겠다'는 뻔뻔한⋯. 이러고도 대접해주고 이러고도 추기경일 수 있는 사회, 당장 안 쫓겨나고, 당장 파문 안 당하고 비난 안 당하고, 신문도 그것 갖고는 아무도 특별하게 물고 늘어지지 않았죠. 내 귀에 안 들리는 것 보면⋯."

예수 그리스도의 원래 뜻과 달리 타락하고 변질되어 왔다는 말씀인가요?

"그렇게 말하기 보다는요. 예수의 진실이 세속적인 종교단체로 조직화하면 당연히 그렇게 되는 겁니다. 꼭 타락한 게 아니고, 성자의 진실이 이미 세속의 조직 속에서 활용될 때는 그렇게 될 수밖에 없어요. 석가모니의 진실이 불교 교단이라는 조직이 되면 으레 그런 겁니다."

과거 니체라는 철학자가 '신은 죽었다'고 하면서 종교가 신을 이용해먹는 행태를 비판했죠?

"그런 말을 했죠? 그런데 그 말도 신이 있다는 사기가 탄로났다. 죽긴 뭘 죽어? 있지도 않았는데? 그러면 니체도 신은 있었다는 겁니다. 그 대신에 다른 신과는 달라서 죽기도 하는 신이 니체의 신일뿐이지. 사실은 있지도 않은 신을 있다고 하는 사기가 탄로 난 시대다. 그러나 그 때보다는 2차 대전의 경험이 얼마나 인간성을 파괴하고, 따라서 신의 창조물이라고 생각했던 인간이 얼마나 신의 창조물이 못되는지를 2차 대전을 통해 경험한 사람들이 너무 많았거든요. 비참한 죽음과 그걸 통해서…. 니체가 그 말을 한 지 불과 몇 십 년이 안 되어서 1차 대전을 경험하고 2차 대전에서 완전히 탄로가 나서 오늘날 모든 종교의 위기가 그 때였거든요. 그러고도 우리나라는 희한하게 6·25를 경험했으면서 이렇게 기독교든 불교든 흥성하게 됐거든요. 이 현상은 우리가 얼마나 몽매함에 빠져 있는가. 또 그 몽매함을 이용하는 세속적 능력이 얼마나 뛰어난가를 보여주는 겁니다. 그러면 나는 정신이 있어서 이렇게 말하고, 그 사람들은 양심도 없어서 그런 짓을 해먹고 산다는 말이 될까봐 걱정입니다. 내가 양심이 있거나 내가 똑똑한 게 아니고 현실이라는 게 늘 자기 입장에서 합리화가 잘 이뤄지니까. 운이 좋아서 그들과 먹이사슬을 같이 안 하는 거지. 내가 똑똑해서 그런 것도 아니고 내가 더구나 양심이 있어서도 아닙니다. 먹이사슬이 그렇게 이어지면 바로 그렇게 되는 겁니다."

## 노인들이 저 모양이란 걸 잘 봐두어라

워낙 사람을 좋아하시고 친하려 하시는데, 이사장님도 딱 '이런 사람과는 만나고 싶지 않다'는 부류가 있습니까?

"이제 나이 먹으니까 점점 더 있죠. 막 생깁니다. 제일 싫은 사람들이 이해하는 체 하면서 전혀 남의 말을 듣지 않는 사람. 귀 안 기울이는 사람. 친한 체 하고 이해하는 체 하면서. 나이 먹으면 자기 폐쇄 속에 삽니다. 젊은 사람들은 그래도 덜합니다. 나이 먹은 사람들은 폐쇄적이라는 걸 들키면 안 되니까 다 속이고 삽니다. 그래서 나는 나이 먹은 사람 별로 안 좋아합니다."

특히 정치하는 사람, 권력 가진 사람도 좋아하지 않는다고 하셨는데.

"그렇죠. 그 사람들도 남의 말 전혀 안 듣는 사람들이니. 이용하는 것 외에는 남이 필요가 없는 사람들이죠. 이용감이 아닌 남은 전부 귀찮은 존재들이야. 그런 놈을 내가 뭐하러 좋아해요? 권력자나 정치가뿐 아니라 부자도 마찬가지입니다. 명성 있는 사람도 마찬가집니다. 내 명성을 내주고 나에게 쩔쩔 매주는 사람 이외에는 필요가 없습니다."

나이먹은 사람을 좋아하지 않는 것은 왜?

"농경사회에는 나이 먹을수록 지혜로워지는데, 자본주의 사회에서는 지혜보다는 노욕의 덩어리가 될 염려가 더 크다는 겁니다. 농경사회에서는 욕망도 커봤자 뻔한 욕망밖에 안 되거든. 지가 날 수도 없고 기차 탈 수도 없고 자동차도 못 타니까 그랬는지 확실히 농경사회의 노인네는 경험이 중요한 시대가 되어가지고 결국 경험이 지혜처럼 될 수도 있었는데, 지금은 경험이 다 고정관념이고 경험이 다 틀린 시대입니다. 먼저 안 건 전부 오류가 되는 시대입니다. 정보도 지식도 먼저 것은 다 틀리게 되죠. 이게 작동을 해서 그런지 나이 먹은 사람들이 지혜롭지 못해지고 점점 더 욕구만 남는 노욕 덩어리가 되어가는 것을 볼 수 있습니다."

누군가는 이런 말도 하더군요. 지금 우리 세대가 부모와 자식 간의 직업이 다른 세대. 그러니까 예전 농경사회에는 아버지 직업도 농부였고, 아들 직업도 농부인데….

"그렇게 된 지는 오래 됐거든요. 나는 그것이 이유이기 보다는 모든 자기가 아는 것이 틀렸다는, 처음부터 아는 것은 늘 고정관념이라는 수련이 잘 되어 있으면 덜할 텐데,

그런 생각을 전혀 못하다가 자꾸 틀리거든? 틀리니까 자기가 지혜로워지는 걸 포기하는 것 같아. 마음속에서 전부 지혜로워질 가능성이 없는 걸로…. 아는 것 전부가 구닥다리고, 아는 것 전부가 고정관념이고, 아는 것 전부 형편없거든. 거기에 낙담을 해가지고 전혀 늙은이는 희망이 없는 걸로. 농경사회에서는 늙으면 지혜로워져야 한다는, 힘은 없어도 지혜로워진다는 희망이 있었는데."

그런데 요즘 어버이연합 같은 완고한 노인네들도 많지 않습니까?
"그 사람들이야말로 제일 겁 많은 비겁한 사람들로 보이거든요. 그 완고를 드러내는 게 이미 비겁하고 겁이 나서 그런 완고를 가장해서 꾸미는 거죠. 버러지 정도의 의지도 없기에 저렇게 추악한 걸 인정 못하죠. 용기가 있으면 자기가 그렇게 하면 추악해진다는 걸 인정할 줄은 알아야죠. 그 인정도 못하는 것 보십시오. 얼마나 용기가 없고 비겁한 사람들입니까?"

이사장님이 2014년 연초 〈한겨레〉 인터뷰에서 '노인들이 저 모양이라는 걸 잘 봐두어라'고 하신 말씀도….
"지금 노력 안 하면 저 꼴 돼! 저 사람들은 그런 노력을 안

했어. 생각해야 할 걸 생각 안 했고, 배워야 할 걸 안 배웠고, 습득해야 할 걸 습득 안 했고, 남한테 해줘야 할 일 안 했어. 저 사람들은. 매 순간 매 순간 안 했어. 지금 저런 게 아니야 저거. 젊은 날에, 열 살 때, 스무 살 때, 서른 살 때 늘 해야 할 걸 안 했어. 남 배려해야 할 능력이 생겼을 때 남 배려 안 했어."

그러니까 나이 들어서 저렇게.

"저렇게 밖에 갈 길이 없어. 그건 내가 뻔히 알아. 우리 살아온 시절 일제 때 잘못 배웠지. 해방되어서 엉망진창일 때 또 잘못 배웠지. 이승만이가 전쟁 치르면서 이승만이가 오만 거짓말 한 걸 떼지 않고 그냥 그대로 알고…. 그 고정관념 때문에 저 꼴밖에 안 돼. 그 다음에 국민교육헌장 그거 외운 패들, 그 사람들도 그게 얼마나 잘못된 것인지 그걸 깨닫도록 노력 안 한 사람들, 자기 껍질부터 못 깨는 사람은 또 그 늙은이 돼. 그 말입니다. 저 사람들 욕할끼 아니고 저 사람들이 저 꼴밖에 될 수 없었던 걸 바로 너희 자리에서 너희가 생각 안하면 저렇게 된다는 거지. 저 사람들 불쌍한 사람들이야. 자기 할 일을 안 하기도 했지만 잘못된 시절에 순전히 잘못된 통치자들에 의해서 잘못된 것만 하나 가득 배워가지고 저렇게 된 건데…. 젊은 세대들 역시 잘 보지 않으면 동정도 할 수 없어. 저 자들도 우리의 일원 이야 저렇게 잘못된 자들도. 그런 마음으로 저 사람들을 봐야지. 이미 젊을 때 잘못한 거야. 지금만 잘못하는 것 아니야. 그 사람들 6·25 때 살인이 정의라고 해서 열심히 살인한 사람들이야. 그걸 생각을 해야지. 살인을 정의로 알고 살인한 사람들을."

그 때 보도연맹으로 몰려서 죽은 사람만 해도 수십만 명이니까.

"사람 꼴, 사람 값 할 만한 사람들 다 때려죽여놓고, 멍청해가지고 사람 값 하기 원래 어려운 사람들은 살인을 시키면서 정의라고 해놨으니…. 지금 우리가 그 비싼 값을 치르는 거야."

이사장님도 아예 어릴 때는 일본이 조국이 아니라는 것도 몰랐다고요?

"전혀 몰랐어. 그걸 아는 놈은 아주 뛰어난 상류층 지식인 집안이거나 아니면 지식 있는 중상류층에서 아이가 가서 말 하지 않을 확신이 있었던 집에서만 일본이 우리나라 아니라는 말을 해줄 수 있었지, 어디서도 일본이 우리나라 아니란 말은 못했습니다. 묻기만 해도 쓸데없는 소리 한다고 야단 치고. 우리보다 한 열 살 많은 사람들은 알았겠죠. 1925년생 이전, 왜냐하면 19년에 만세를 불렀으니까. 25년생 이전 사람들은 그 영향으로 뭔가 잡아가고 소리가 들려오니까. 그 이후에는 조선어 시간이 있어봤자 일본국에 조선인데 말이 좀 다르다는 것만 알았지 의식을 못합니다. 25년생만 해도 학교 들어간 해는 삼십 몇 년이니까. 이미 만주사변 나고 만주 쳐들어가고 한 다음이거든. 심해져가지고 그런 말을 취급을 안 하니까. 젊은 형들이 있는 집에서도 동생한테 말했다가 일 날까봐. 일본사람들 보면 잘난 체 하는 사람으로만 알았지 도대체 딴 나라라는 생각은 못했어."

그걸 자각한 게 언제쯤이었습니까?

"해방되자 마자였죠. 놀랐죠. 이 놀라움이라는 것은 세상이 옳다고 가르쳐준 게 전부 거짓말인거야. 영국놈 미국놈은 다 죽여야 할 짐승 같은 놈이라고 얘길 했는데, 학교 칠판 옆에 루즈벨트 하고 처칠 얼굴 붙여놓고 거기에 사무라이가 칼로 이마빡을 쑤셔놓은 그림이 커다랗게 걸려있었어요. 그렇게 학교에서 옳다 하던 게 해방 딱 되니까 도망가고 없어지고 두들겨 맞고 엉엉 울고, 그 무섭게 높은 사람들이, 그 놈들이 우리 원수고⋯. 아, 어른들이 옳다 하던 건 전부 거짓말이네 하는 것을 그 때 알았어요. 내가 신이 없다는 건 모르지만 있지 않다는 건 안다고 하는 것도 그런 영향일 겁니다."

가치관이 한 순간에 전도되어버린 거네요.

"가치관 정도가 아니라 모든 생각이지. 이건 뭐. 듣는 소리 아는 소리 전부 믿을 건 하나도 없어. 아이들에 따라서 별 생각 하지 않는 경우도 있었지만, 나는 그걸 생각 안 할 도리가 없어. 이게 철학과 갈 밑천이었나 봐. 딴 놈들도 나하고 똑같이 겪었는데 이 새끼들은 왜 그게 아무 문제가 안 돼? 그래서 오죽하면 해방된 지 한 2년이 지났을 무렵 엄마한테 '엄마는 남자도 아닌데 왜 일본이 우리나라 아니라고 말 안 했노?'라고 물었어. 그랬더니 '야, 이자슥아. 쓸데없는 소리 마라. 그런 걸 알아서 뭐 하노. 그런 말은 입에도 담지 마'라고 해. 지금도 겁이 나가지고. 우리 모두가 우리 엄마처럼 '가만히 있어' '내버려 둬' 하는 게 현실에서 지혜였던 거야. 지금도 민중들이 잘못 뽑아가지고 이명박 정부, 박근혜 정부를 연달아 경험하고 있지만, 이런 민중은 나는

다음에도 별로 지혜로워질 것 같지 않은데? 자기 살기 위해
선 지혜도 아니고 기본권인데, 반기문 따위나 예비후보로
삼으려는…."

누구요?

"반기문 또 울궈먹겠다는···. 제일 중요한 것은 웃대가리 만이 아니라 그 웃대가리를 이용해 처먹는 집단. 조선조에 양반이라 하고 선비라는 그 집단. 성실하고 마음씨 좋은 놈들은 탈락했지만 나머지는 그 집단이 남아서 일제 때 재미를 봤거든요. 이 집단이 해방이 되고 나서 지리산 속에서 빨치산으로, 보도연맹으로 죽기도 하지만, 큰 덩어리는 또 이승만이 밑에서 그대로 해 처먹고, 북쪽은 북쪽대로 김일성이한테 붙어서 그대로 해 처먹고. 이승만이가 쫓겨서 축출당하고 나니까 또 박정희한테 붙어서 그대로 해먹습니다. 이 집단, 자기네 대표는 언제 죽더라도 우리는 살수 있다는 이 집단. 불특정인인 것 같이 보이지만 실제로 이것들은 지식과 지역과 학연과 혈연, 혼연<sup>婚緣</sup>까지 맺은 집단입니다. 약간의 변동이 있을 뿐이지 그 덩어리 전체는 동일한 것들로, 앞잡이 해먹고 이용해먹는 이 집단을 언론이 다루지 않는 한 위에 보이는 그것들에게 또 협조합니다. 위에 보이는 이명박이나 바라고 박근혜나 바라면 이 놈들을 또 살려주는 결과가 됩니다. 문제는 이놈들입니다. 요놈에는 나도 끼는 겁니다. 그렇잖아요. 여기 끼니까 지금 이사장이라도 해먹잖아요."

그런 집단을 뭐라고 불러야 할까요?

"앞잡이 집단이죠. 모든 권력의 앞잡이들. 지식과 학연, 혈연, 지역으로 뭉쳐있는 이익집단인 동시에 앞잡이 집단. 이놈들은 대표자만 희생되면 자기들은 살아남는다는 이익집단. 미국의 헤리티지재단을 중심으로 한 선거인집단이 미국의 주인이죠? 소련 공산당 시절에는 공산당이 소련의 주인이었죠. 미국의 주인은 결코 민중이 아닙니다. 우리나라의 주인도 우리 민중이 아닙니다. 그 이익집단, 앞잡이 집단이 주인이죠. 사회학자들한테 물어봤자 이 자식들 그런 얘기 안 합니다. 그 놈도 또 이 이익집단에 속하는 놈이기 때문입니다. 선생님(필자)도 이 집단에 속해있는 겁니다. 학교 선생들도 이 이익집단 변두리에 다 속해있습니다. 그렇잖아요? 학연에, 지연에 이어지잖아요. 혼연에서 빠질는지는 몰라도. 이걸 깨뜨려야 합니다. 없어지라는 게 아닙니다. 변하라는 겁니다. 민중과 함께 하지 않는 민중배반적인 이런 집단은 변화시켜야 합니다. 결국 너희들에게도 불행이 돌아온다. 그렇게 돌아온 불행이 6·25전쟁입니다. 그 때 민중만 죽었습니까? 지식인은 얼마나 죽었고, 아까운 인물들은 또 얼마나 죽었습니까? 결국 다 우리 불행으로 오는 겁니다."

여기서 인터뷰는 끝났다. 채현국 이사장은 마지막에 "세상에 정답은 없다. 틀리다는 말도 없다. 다른 게 있을 뿐이다. 정답은 없다. 해답이 있을 뿐이다"라는 말을 남겼다.

이 기록을 책으로 남기겠다고 하자 자신을 '훌륭하다든지 근사하다든지 하는 식으로 쓰지말 것'을 당부했다. 만일 그런 식으로 자신을 미화시키거나 하면 '불 싸지르라'며 화를 낼 수도 있다고 경고했다.

"겨우 비틀거리면서, 어떤 술 취한 놈보다 더 딱한 짓을 하면서 살아왔는데…. 명리에 눈멀어 꺼떡거리고 다니는 저런 꼬라지들…. 그런 대열에 나를 세우지 말라는 겁니다. 괜찮은 어른이니 뭐 그런 (말도 쓰지 마십시오). 정말 어떤 놈보다 덜 떨어지고 모자란 놈이 그래도 여러분 덕에 살다 보니 요만큼 사는 것만도 신통합니다. 얼라(어린아이) 때 사탕 하나를 남한테 못 주던 애예요. 한 입 빨아먹으라고도 못했던 앱니다. 아까워서 나 혼자 먹었지. 그랬던 놈이 세상을 살면서 요만큼이라도 되었으니 나만 수지맞은 거지."